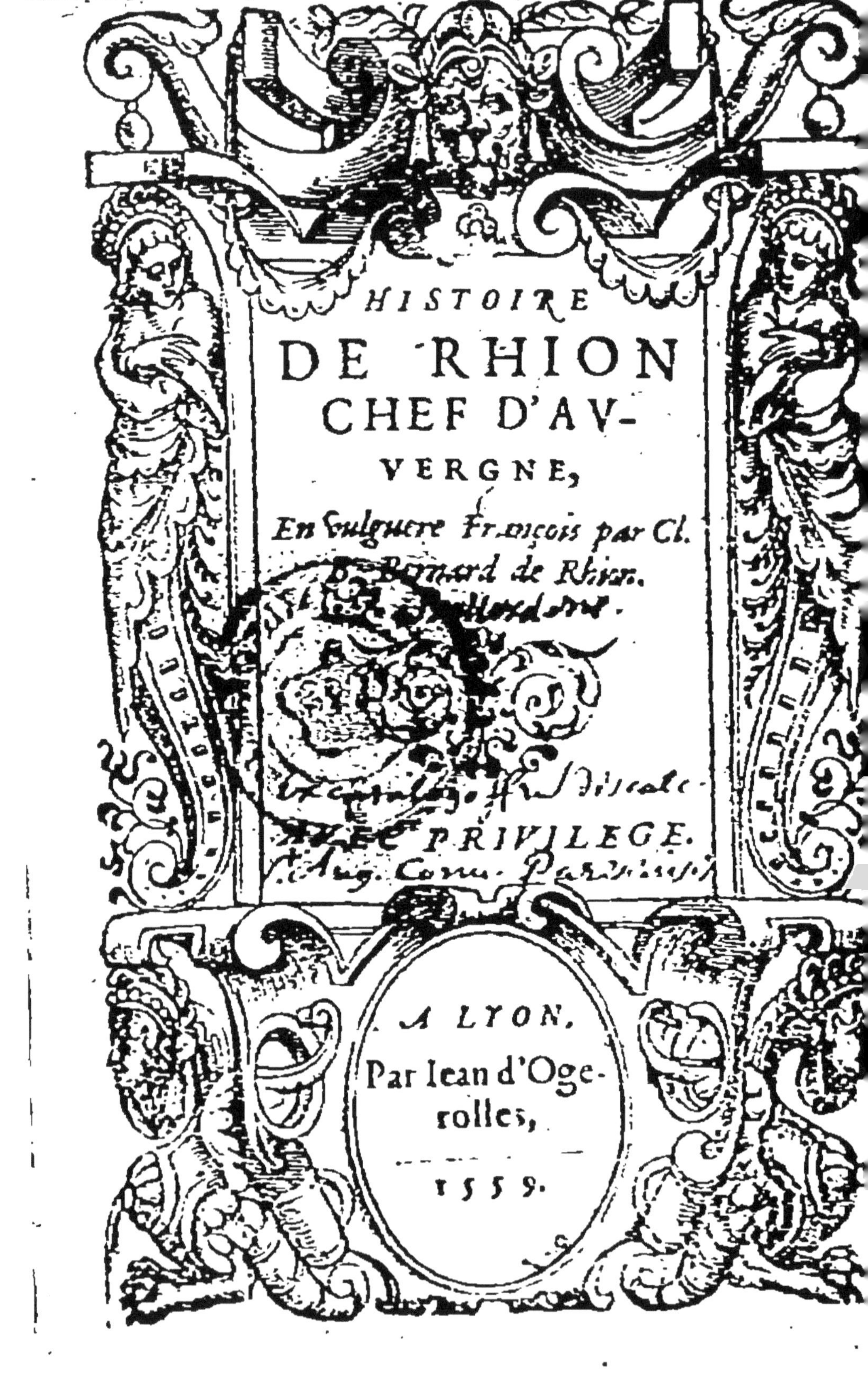

HISTOIRE DE RHION CHEF D'AVVERGNE,

En vulgaire François par Cl. B. Bernard de Rhion.

AVEC PRIVILEGE.

A LYON.
Par Iean d'Ogerolles,
1559.

PRIVILEGE.

IL est permis à Iean d'Ogerolles maistre imprimeur demeurant à Lion d'imprimer vn liure intitulé Histoire de Rhion en Auuergne traduit de Latin en vulguere François par Claude Barthelemi Bernard dudit Rhion ensemble le Simpose odes & Epigrammes par lui composez en vers & Rhithme Françoise. Et sont inhibitiõs & defenses faites à tous autres Imprimeurs de Lyon de n'imprimer icelles œuures deuãt trois ans à compter du iour qu'elles seront paracheuees d'imprimer sur peine d'amẽde arbitraire. Fait à Lyon le XVIII iour de Ianuier Lan mil cinq cens cinquante huict.

Fournel. de Torueon.

Bullioud procureur du Roi.

I. Croppet.

AU LECTEUR SALUT.

CONSIDERANT mon entrepriſe, & l'incapacité de mon entendement ie me ſuis retenu ſouuent de prēdre ma debile plume, pour l'emploier à œuure, que ie m'ebaïs auoir eſté negligée par nos anteceſſeurs: hōmes de rare doctrine, lōgue reputation, & que ie ne peuſe aſſez recōmander. Toutesfois me ſentant bien apuié de louables, & gentils Eſprits qui ſucceſſiuement reuerdiſſent ſur l'agreable Suquet de noſtre Rhion, en ſi heureuſe multitude, que le pleſir n'eſt moindre que le nombre: ie me ſuis plus volontiers abandonné au variable ſort, & incertain iugement de beaucoup. Ie confeſſe que ma force n'eſt pour ſouffrir la grauité de cette charge; eſtant de tele importance, que peu s'en faut que ma plume ne perde ſon vol. Mais l'aſſeurance que i'ai en la modeſtie de ceus, qui ne prenent tout à la rigueur, & connoiſſant que ce, qui eſt moderé par contrepois de iugement raiſonnable, ne doit craindre les calomniateurs: voici nouuele topographie, & locale deſcription, de l'Antiquité, situation, & singularités de Rhiom, Ville touiours Roiale, Presidiale, & Chef d'Auuergne, le bruit delaquelle longuement enseuelis, & presques reduit en poudre, á esté diuinement resorme, par le restaurateur des Muses, François premier de ce nom Roi de France: & depuis doucement entretenu (au grand regret d'aucuns circonuoisins) par Henry, son inuincible successeur, nostre Monarque: duquel les Vertus, & immorteles, & inexplicables remplissent l'Vn & l'autre Hemisphere. Or pour paruenir au but de ce premier Volume traduit, & pour eclarcir les obscures tenebres des autres subsequens (qui contiendront seulement ce, qui peut seruir au contexte de nostre histoire, iusques au present temps) i'ai secoüé beaucoup de liures, & Pancartes, & les ai retirees, cõme de la Cimmerique fosse de seuere Trophonius, non sans indicible cõmiseration, pour Voir teles œuures par incuriosité souterrees, Vermoluës, à demi fracassees, & en ordre piteusement miserable. Ie croi qu'elles fussent encores es mesmes Abysmes, si le pasteur Apollo, n'eut inspiré les sieurs Meonides de faire releuer, & deliurer de cette iniure nos Annales, escrites d'Vn caractere Thessalien autant bien formé, que le contentement du lisable, augmante le desir de l'essacé. l'Autheur est incertain pource que les

les trois premiers fueillets du liure, sont partie rompus, & partie moisis: mais quiconque fut il, si docte phrase, tropes elegans: stile gratieus, & fluante veine, me font plaindre son nom. A l'honneur de ceus qui beatifient ainsi leurs Republiques, statue deuroit estre publiquement eleuee, pour monument perpetuel de leurs merites.

La suite de nostre Chronique en latin me fait souspçõner, que celui qui l'a premierement redigee, a esté quelque temps apres les gestes: & semble que ce qu'il nous en a laisse, soit plustost vne Caballe, c'est à dire, reception, ou tradition de bouche, à bouche: veu les passages en plusieurs endroits du Latin biulques, cuuers, manques, & mal assemblez: lesquels toutesfois nous auons remplis, & reioints à nostre possible, sans autrement innouer les dictions Grecques, beaucoup plus à cause de leur antique proprieté viuement exprimantes leur intelligẽce, que si nous les eussiõs periphrasees: ainsi que i'espere faire voir par la prochaine publication du Latin, à fin que la foi de nostre traduction, soit mieuls attestee enuers ceus, qui, au pris de leur conscience, l'estimeroient fible. A aucuns desquels, ie voi deia, ce me semble dresser le bout des aureilles, & nous mouuoir le cachinne. Si faut il souffrir que la verité longuement amortie se rende mainte-

 nant

nant plus vive, que les domestiques, & publiques risees n'empechent la poursuite de ce discours: & que ie ne proteste librement l'intime deuotion que i'ai d'honnorer, & gratifier à Celle, qui, en continuant ses graces enuers mes Predecesseurs par tres lõgues annees, m'a quarante cinq ans en son giron tousiours cheri si delicatement, que ie m'estimerois ingratissime, si, par cest escrit (que ie lui dedie, voüe. & humblement consacre) ie ne reconneissois l'obligation qu'elle à de moi, en tesmoignage de mon deuoir: bien que cette mienne reconnoissance ne suffise pour adombrer, ou vernir la moindre de ses excellences.

Rhion,

Mais ô Calliopé, ma douce Muse, ma seule sollicitude, qui au Parnasule de vostre voesine Scerés, ou à present nous sommes, pour librement deuuider le fil de vostre inspiree illustration, comme fit Iason celui de Medee: Et qui en l'enarration du superbe Narcisse, là mesmes arrosates ma plume de vostre liqueur sauoureuse, aus infinies louenges de vostre diuine faueur: insinuez vous maintenant es megres esprits de celui qui vous inuoque, &

Scerés lieu paternel distát de Rhion enuiron de 4. à 5 stades: diction hebraique, qui signifie fertilité. Ou si on l'appelle Ceriés: il vient de Ceres, deesse des leds.

Faites que le son de sa Lyre,
Que Sannazar puisse mieuls dire,
Le suiet par lui entrepris,
Au grand plaisir des bons Esprits.

HISTOIRE DE RHION, CHEF D'AVuergne,

Traduite de Latin en Vulguere François, par Cl. B. Bernard.

APRES que le Roi Assyrhion, en l'age de soixante quatre ans, fut allé de vie à trespas, aiāt eü beaucoup d'affaires, pour conseruer son Ile de Rhion en Grece, entornee d'vne Mer de ce nom, enuiron large de mille pas: laquelle lui estoit aduenue par le deces d'Amphyrhion son pere, descendu de la tresbelle Amphyro, seule heritiere d'Ocean: Gerhion son fils vnique, en la fleur de 24. ans, autāt bien institué que nul autre Prince, ſucceda à la coronne de ſon pere, pour lors en grande controuerſe. Car Porphyrhio ſon oncle, preten doit la Seigneurie de l'Ile, allegant tel droict que ceus, qui par fraude tachent paruenir à quelque Tyrā-nie : Cette cōtrouerſe cōtinua par guerre iuſques au regne de Gerhiō qui par ſes vertus, dont il eſtoit ſuf-fiſamment doüé, vinquit à la fin ſon Oncle paternel, au troiſieſme an de ſa coronne reçeüe. Lui donques ſe voiant en plene patience & viuant à ſon aiſe, prenoit grādiſſime pleſir es louenges, que chacun donnoit à la fille du Roi Chiron Theſſalien, nommee Hippé: delaquele ſurpris, par la renommée, qui entre les plus obſcures tenebres, comme le Lam-pyre, viuement reluiſoit, & deia ſi fort redoubloit en toute la Prouin-ce de Macedon, qu'il n'i auoit au-reille de Creature viuante, qui ſe

pûr

pût assez contenter, tant estoit incomprehensible la perfection de ses bonnes graces : Vn iour que le Ciel rendoit son serein plus azuré, tirant son chemin vers la ville, ou elle residoit:la trouua de bõne fortune, par la forest, sus le mont Pelio, tenant en sa main vne legere Sarisse, & poursuiuant sa queste à la chasse, dõt elle estoit curieuse:tout ainsi que la claire Diane sus le mont Erymante, se ioüe à la course auecques les filles de Iupiter. La viue lumiere de Hippé, comme saillante d'vn subit, & reluisant Eclair, saisit & enuellopa telement Gerhion:Et au contrere, les admirables perfections de lui, scintillerent, & ebloirent de sorte Hippé, que la beauté d'elle vincüe par la resplandeur du Prince, fit aussi tost ioindre les petis bords de leurs vermeilles bouches, sur lesquelles successiuement

voletoiẽt leurs Ames, tandis qu'ils meloient amoureuſemẽt Mercure auecques Bacchus, ſucçoient le ius de leur mutuel pleſir, & douce Sympathie, en tele volupté, qui ſe pourroit la receuant, mieuls ſentir, que dire. Ce baiſer, acompagné de ſouſpirs inuiſibles, leur fut pour l'heure tant aggreable, que de cette premiere rencõtre, Vulcan frappa ſi à point ſur l'enclume de Venus, que la cõception s'enſuiuit. Hippé quelque temps apres connoiſſant que ſon corps delié, peu à peu leſſoit ſa meſure acouſtumee: & que la flamme de l'vn doucemẽt enſeuelie au feu de l'autre: deia produiſoit ſa lumiere: Ainſi que Phebé deschargee de l'eſpece nuee qui l'obtenebroit, dilate belement ſa blanche veüe ſur les humains: & voiant qu'il n'i auoit moien d'auoir Gerhion pour ſon Eſpous (car le Satrape

trape de Macedon la pratiquoit en mariage, elle cerchoit tous les endrois, pour dissimuler, & couurir sa grosse: quād Chiron son pere, s'en estāt apperceu, ordissoit en son estomach vne bien ample toile, pour i patroner ses conceptions: lesqueles il difera si tost decouurir, craignant qu'il ne fut abusé par opiniō faulse. Mais depuis iettant secretement, & souuent (cōme font soupçonneus) les ieüls sur sa fille, dōt les muables contenāces sembloient faire quelque foi de ce, qui estoit encores douteus: & ne pouuāt plus resister à ses doubles pensees, le plus couuertement qu'il pût, pour n'interrompre le bal de la cōpagnie deia bien elācee sous la plesante harmonie de Cymbales, & autres bien resonātes iubilations: se retira en son riche cabinet, ou il scauoit q̄ viendroit Hippé: car iamais il n'i entroit qu'elle qu'elle n'en rapportast quelque bague pretieuse. Chiron prince tractable, vertueus, & qui sur son aage decrepite, aimoit desesperecemẽt sa fille vnique, aiant trouué, par la suruenue d'elle, occasion fauorable, pour eclorre les pensemens, qu'il auoit longuement couuez au creus de son estomach: le plus humainement qu'il sceut, tira du nez de sa fille la verité de la chose: dont il receut au cœur tele indignation, que si le sang: l'age: & infinis regrets multipliez en l'air, n'eussent mortifié sa fureur, il lui eut separé l'Ame du corps. Pensez, ie vous supplie la peine, & dure angoisse de Hippé: pour se voir ainsi surprise: Et l'instante douleur, & cuisante passion, que souffroit le Pere, frustré sur sa vieillesse du plesir & solas, qu'il speroit d'elle. Et vous qui aués enfans, ne les lessez viure en liberté si effrenee,

nee, q̃ la diſſolue vie d'eus, ne bleſſe la ſainte renommee de vous. Mais Hippé reduite à cette miſere, n'aiãt pour le plus expediant conſeil, que ſe proſterner, & recourir à la miſericorde de ſon triſte pere, alors que elle voulut embraſſer ſes genouls, & ſe mettr'en deuoir de le ſupplier: Chiron la repouſſa, eſtant auſſi cõfus, que la Mer eſt, quand Neptune la fait trembler de ſon Trident. Parquoi ſe ſentãt pour l'heure deſtituee de tout ſecours des homes, & ſuiette à peine de mort ignominieuſe: cependãt que le Roi, auecques ſon conſeil, prenoit cõtre elle reſolution, ſuiuãt leur antiéne Loi: Hippé recourut deuers Hippôna, ſa deeſſe peculiere: laquele plene de credit, & authorité enuers les autres dieus (qui ne permettẽt iamais que ce qui eſt ou deia diuin, ou prochain de l'eſtre, ſoit pollu, &

cont

contaminé par les mains souillees d'aucun mortel) le iour que Hippé deuoit estre immolee au sacrifice, pour expiation de sa virginité corrompue, la fit visiblement enleuer au Ciel, par le fils de Maia Cyllenius, qui chanta à son honneur melodieusement ce Cantique.

Au haut diuin Pourpris,
Et immortel college,
Des plus heureux esprits,
Est colloqué le siege.

Le beau Titan i luit
Clarté, qui touiours dure:
Le Iour i est sans Nuict,
Et le temps sans mesure.

Des grans dieux souuerains,
Hippé belle, & mignonne,
Que ie porte en mes mains,
Ores à la coronne.

Ell'est au Ciel luisant,
Ou ne fait residance
La Nege, ou froit nuisant,
Ne des Vents la puissance.

Eolus descendu
De sa mere Sergeste,
N'est iamais entendu
En ce Throne celeste.

Aussi au Firmament,
Et Olymp' admirable,
Est le contentement
De vie perdurable.

O l'Esperit heureux,
Qui peut i auoir place!
Ce n'est peu que des dieux
Tousiours estr' en la grace.

LE prophete Calchas tenant son berille deuant ses ïeuls, estẽdus contre le Ciel, pour à son aise contempler cette eleuation (reduisant neantmoins en soi, que, la douce pieté des dieus, n'est iamais loin de la personne, qui â syncere repantance de son peché) entreuit, comme iadis le manteau d'Elie, fondre de l'air les vestemens de Hippé, pour estre, ainsi que la Biche, d'Iphigenia,

nia, ſuppoſez à la flamme de l'odorâte Pyre, dreſſee pour elle. La Cendre deſquels curieuſemẽt amaſſée, fut miſe dans vn riche vaſe, qui, apres pluſieurs ceremonies, fut ſollennellemẽt tranſporté au tẽple de la deeſſe Hippôna: pres duquel, en ſigne de manifeſte ioie, & de quelque ſatisfaction enuers les dieus, du benefice receu: Chiron par les plus renommez Architectes, fit diligemmẽt eriger vn Cenotaphe, de marbre noir, d'imẽſe largeur, & longitude, & ſans comparaiſon plus faſtueus que les ſepulchres de Simãdius, ou de Mauſole: ſur quatre Pyramides de Porphire, richement elaborees: la moindre deſquelles paſſoit de beaucoup le miracle de Memphis: renuerſoit l'admirable Coloſſe de Rhodes: faiſoit perdre l'honneur à celle de Tarina: & effaçoit l'orguilleus Olympe de noſtre

Dome.

Dome. Les singularitez engrauees
en chacune des quatre Pyramides,
estoiēt representees au vif, semees,
& entrelassees de petis, & menus
fullages, marquetez de pied en cap
autāt subtils que fut oncques l'ouurage d'Arachné contre Pallas: ou
pour le moins aussi deliez, qu'estoit
le presques inuisible Filé, tissu à la
forge de Vulcan, sous lequel furent
trouuez Mars, & Venus. A' l'vne
des Pyramides se voioit naïuement
insculpé le petit Ichneumon brisant
les œufs du golu Crocodil[illegible]: & la fas
son d'enseuelir les bestes [illegible] uec
en aucun païs: lesquelles [illegible] uelo-
pent de linge fin, les gemissent, &
embament de liqueur de sel, & Ce
dre, pour les rendre moins corru-
ptibles, & plus durables. Vn peu
au dessous vne Lacerte estoit rapie,
sous quelque fulle d'herbe assez lar
ge, ne mōstrant rien que le pois de

ſon œil, dõt elle faiſoit le guet pour guarẽtir l'home ſur la verdure bien endormi, contre le mortifere Serpent, qui auſſi toſt s'apparoit iſſir de ſon embuche, pour nuire à l'home, que la Lacerte, par la douce piqueure de l'vne de ſes onglettes, ſoudin reueille, & puis ſe darde incontinant contre le Serpent ennemi naturel & d'elle, & de l'home, duquel ell'eſt ſecouruë pour n'eſtre aſſez forte à le vincre. A l'autre eſtoit la deſtinee de l'infauſte, & malheureus Oedipe, fils de Laïus roi de Thebes, qui tua ſon pere: & apres la ſolution du cruel enigme du Sphings le triforme, il epouſa Iocaſte ſa propre mere: cauſe qu'il s'arracha les ieũls quand il le ſceut. Bien pres de là ſe monſtroit figuré le roi Menas, pourſuiui (comme le miſerable Acteon) de ſes Chiens: mais qui ſe preſerua, aiãt de viteſſe gaigne

gaigne le bort de Meris, ou, ainsi que iadis Arion du Dauphin, il fut incontinant receu par le Crocodile viuant en ce marais, qui sur son dos le transporta seurement de riue en autre. La troisiesme contenoit l'amour, les peines, & trauaus de la diuine Psiché: l'auarice de Pygmalion qui tua Sichee, pour ioir de ses Thesaurs. Vn peu de costé se voioit Hercules estreignant entre ses bras, & leuant Anteus le geât en l'Air, à fin qu'il ne toucha la Terre: lequel il suffoqua pour auoir cōstruit de testes d'homes vn temple à Neptune. Et plus bas vn peu se presentoit la desolee Charités, creuant d'vne epingle les ïeuls au deloial Thrasille, qui auoit, ou lieu du Sanglier, tué mechantemēt son ami Leopolemus. Et à la quatriesme estoit ingenieusement portrait Apollo Nomius sous habit de Berger du Roi

Admetus, auecques sa houlette assis pres du fleuue Amphrise, ou Iupiter le priua de la diuinité, pour auoir assasiné les Cyclopes, qui auoient, mis à mort son fils Æsculapius, pourtant qu'il auoit retiré Hyppolité des Enfers. Pres de la se lamentoit Pelops, pour ce que la deesse Ceres auoit mégé vne de ses epaules au conuiue que Tantalus son pere fit aus dieus pour eprouuer leur diuinité: dont il est perpetuelement puni: Et aussi tost comment Ceres, pour son epaule de chair, luy en rendit vne d'Iuoire, quand il fut par les dieus reformé. Mydas auecques ses aureilles d'Asne i estoit, considerant de trauers la misere que fesoit souffrir le cruel Adonibezec à septante Rois, chacun desquels aiant des pieds & mains le bout coupé, viuoiét, cóme Chiens, sous sa table, lechant de leur langue les

les miettes qui en tomboient. Et au dos de cette histoire se manifestoient les gratieus, & venustes baisers, que Delia sauoureusement instilloit sur les leures de son petit Endymion. Que dirai je des Emblemes, Parergons, & autres innumerables triomphes, qui decoroiẽt ces quatre Pyramides? Ma plume n'est suffisante pour amplement le descrire, mais i'ose vous asseurer que l'orgueil de leur separee ambition se cõfondoit sous vne muette, bien que tolerable enuie: si es choses insensibles tel accident se peut trouuer. Encores chacune Pyramide comprenoit vne petite Proseuche, auecques son escalier au dos, mignonnement derobé dans le sin de son fondement, par lequel montoient chacun en son ordre, quatre Ephores deputez à la conseruation de la lumiere, que flammetoient continuelement par menus pertuis en forme de Triquetre certenes Chrysolampes, subtilement en leur ciel entrelambrissees, auec lesquels symbolisoient Diamans : Hyacinthes : Rubis : Escarboncles: Topazes : & autres viues pierres, qui eiaculoiẽt cõme estoeles, quelque gratieuse lueur : si que par la natiue reflexion, & mutuele copule de l'vne en l'autre, augmentee par la resplandeur du diaphane Cristal, simples Chrysolites : & reluisantes Pyropes: dont le Plan d'arein bruni d'or estoit paué : se formoit, & incorporoit en tout cest illuminé Concaue, vn iour, qui ne cedoit à l'œil du maieur luminaire. Au demeurant les Peristilles de pareille dimension, & interualle distinctes, & qui serroient le vuide, estant d'vne base à autre des Pyramides, n'estoient moins braues, ou

somp

ſomptueuſes: ſur le poli deſqueles pluſieurs compartimens: termes: & autres iconiques impreſſions ſe rapportoient viuement. Et au deſſous du ſourcilleus Cenotaphe, ſur cent Columelles d'albaſtre: fulletees de meſme, repoſoit la cẽdre saintemẽt encloſe dans l'vrne de Iaſpe pretieus, le chapeau delaquele ſe diſoit ouurage de Memnon. Or vne fois le iour & la nuit entroit ſeul en ceſt Apotheoſe, le grand Megabyſo du païs, duquel les fretillantes, & impatientes chaleurs, auoit pieça chaſtré ſa blanche vieilleſſe: & duquel la face morne: le front triſte, & ridé, la barbe chenue: la parole ſyncere, & deſſus ſon chef raſé, quelque ornement à trois houppes, en faſſon d'Inſule, diapree de fort groſſes & radiantes Perles, le rendoient enuers les Indigenes plus venerable. A quoi auſſi obtemperoit le

Peple de ſon veſtement forfilé d'or, & de ſoïe diuerſe, qui lui pendoit des epaules iuſques ſous le mol des iambes, ſouſtenant en ſon marge, de quatre doigts au tour, leurs traditions proprement enleuees de riche broderie, que franges au deſſous bien aſſorties ennobliſſoient: & par deſſus le defendoit vn Byſſe ſubtil, ou creſpe delié. Et ſur le reſte qui s'apparoiſſoit des iãbes, eſtoiẽt iuſtement eſtandues quelques botines, brochees de mille figures: aiant es pieds ſes Cothurnes, que petis botons, à la Dorique, ſerroiẽt de bõne grace. Lui donques ainſi paré, ſe tenoit quelque temps proſterné au millieu de ceſte Idee preſques inuiſible & la il chantoit à l'hõneur des dieus, diuerſes Odes de ſon inuention ſous vne voix tremblante, mais pourtant ſi canore, & melodieuſe, que tous les Cygnes

do

de Meander, voire la flute de Pan, dõt Leusippe fit epreuue de sa virginité, & mesmes les seduisantes Sirenes, i eussent perdu le pris. Or entre autres ses Cantiques nous est seulement demeuré le lopin qui ensuit.

O que les Dieus,
Sont gratieus,
Bons & propices:
Oui à ceus,
Qui paresseus
Sont à tous vices.

Ou qui en ont,
Du cœur au fond,
La repentance:
Puis par deuoir,
Iuste font voir
Leur Conscience.

Les immortels
Au Ciel à tels
Donnent leur place:
Et des amis
Au cartel mis
Ils sont de grace.

Teles ceremonies par an & iour, ſuiuant la Loi de cette nation, s'obſeruoient ſeulement apres le deces des Rois, & autres deſcendus de Roiale, & fort antienne ſouche. Mais Chiron impatient en ſoi, mouuant tantoſt d'vne main, tantoſt de l'autre ſa pourprine Tiare, & ſpirāt crueles menaces contre le prince Gerhion, aiant diligemment fait aſſemblee de gens bien vſitez à la guerre, eſtans tous en ordre & ſilence, leur expoſa ſommerement les cauſes de ſon expedition, ſperant que les dieus en ſi iuſte querele, lui ſeroient fauorables. Parquoi aiant par le ſigne que lui firent ſes gens, entendu leur deliberee volonté, & voiant qu'il ne reſtoit, fors que prōptemēt s'expoſer à l'execution de l'euure, les Chiliarques, & autres principaus de ſon armee furent d'auis auparauāt que demarer, faire sommer Gerhion de se rendre à merci: possible qu'il i entendroit, se connoissant en force & richesses beaucoup au dessous de Chiron. Suiuant lequel cõseil, lettres lui furent enuoiees, dont la teneur ensuit: A Gerhion. L'iniure que tu nous â faite, en la persone de Hippé maintenant deesse, iadis nostre fille vnique, à prouoqué nostre haine contre toi. Et sommes ebaïs, veu les actes precedãs de nos maieurs, auec les tiens, qui t'à mû d'entreprendre si temerereremẽt cõtre sa pudique virginité: en laquele seule cõsiste l'hõneur de leur sexe. Parquoi delibere toi, ou de te rendre à nostre merci, pour viure: ou d'attendre la guerre, pour morir honteusement. Car l'alliãce de celui se doit rompre, qui, pour obeir à son affection deshoneste, blesse la veüe des dieus: souille l'hõneur d'autrui, & impu impudemmẽt viole les droicts d'amitié iuree. Ce pendãt que les legats de Chiron suiuoiẽt leur charge, le prince Gerhion, qui de regret auoit esté quelque temps malade iusques à la mort, preuoiant ce qui auint, fesoit grandes preparatiues d'homes, & munitions de viures, pour se defendre & vertueusement receuoir son ennemi : duquel les ambassadeurs, sur ces entrefaites, arriuerent à la court de Gerhion, estonnez de voir les fortifications, qui sembloient rendre, auecques la nature du lieu la ville imprenable : auquel ils presenterẽt humblemẽt les lettres de Chiron: lesqueles auecques eus apres auoir humainement receües, lui mesmes deplia, & lut. Mais pendant qu'il les lisoit assez attentiuemẽt, les ambassadeurs auoient incessammẽt les ïeuls appuiez sur lui, & pendoient

comme

cõme de la bouche du prince: tout ainsi que ceus qui cõtemplãs quelque image bien portrait, sont en epeluchant par le menu tous ses trais, telement retenus, que tous leurs sens, encores que bõnement ils i resistent, ne peuuent toutesfois tant faire qu'ils ne s'i occupent, tirez, pense ie, par l'industrieus artifice de l'ouurier. Mais la beauté du prince, plus excellant que celle de Phaon les estinceloet, & reuerberoet ainsi que le soleil, quand il dõne sur l'ingenieus Calybs. Ce qui les rendoit en tele ecstase & admiration, qu'ils le cuiderent plustost demidieu, que mortel. Et eussent volõtiers dissuadé la guerre, si leur compassion eut pû impetrer quelque faueur enuers leur Roi. Or Gerhion aiant cõmuniqué les lettres à son conseil, repondit ainsi: à Chiron. Si nos possessions estoiẽt suiettes

ſuiettes à ta foi, nous ne trouueriõs la dedition, à laquele tu nous appeles, ſi iniuſte. Et ne faut q̃ tu nous accuſes de la polluë pudicité de Hippé, à laquele les dieus hautains no⁹ auoient reſerué, ſi l'ambition ne t'eut corrompu. Mais le ſage, en toutes ſes entrepriſes, ſuit volontiers le conſeil des bons: & eſt plus honeſte morir entre les armes glorieuſement, que touiours viure en ſeruitude. Les ambaſſadeurs, qui ne pouuoent aſſez loüer le recueil affable, & incredible beauté de Gerhion, s'en retornerent vers leur prince: qui, aiant oui les preparatiues, & entendu le contenu aus lettres, tornãt les ieüls de trauers, couuroit ſa face de furieuſe cholere: ainſi que par la violence des vents contreres, le Serein en vn Atome de temps, eſt couuert & obfuſqué de prodigieuſes nuees, dont la di-

uerſe

uerſe & gilue coleur, denote quelque prochain deſaſtre. Puis auſſi toſt reueſtu de ſon Paludament, ſigne de future guerre, les principaus de ſon armee entendirent qu'il faloet donner les vents aus voeles. Parquoi au ſon du cleron, chacun courut à ſa Phaſele, ou claſſe, auſſi ſubitemẽt que fond l'eſperuier ſur l'Allouette. Les anchres eſtoient ia preſtes à leuer, quãd Chiron, prince de religion enuers les dieus ſuperſtitieuſe, fit ſa priere ainſi.

L'omme de bien quand il reduit,
Ses fais paſſez en la memoire,
Et qu'il a ſa vie conduit,
Honeſtement en toute gloire:
Cela lui eſt certeinement,
Vn bien heureus contentement.

Celui auſſi n'eſt moins ioieus,
Qui en ſyncere conſcience,
A' toujours eſté curieus
De porter aus dieus reuerence:

San-

Sans lesquels, personne ne peut
Faire le bien, comme elle veut.

Si nous auons conduit nos ans
En cette fasson droite, & sainčte,
Pourquoi aus immortels puissans,
Craindrons nous de faire complainte.
L'home mortel mieuls ne sçauroit
Ou s'adresser quand il voudroit.

O' Dieu Neptun', & toi Thetis,
Qui gouuernez la mer profonde,
Selon nos iustes appetis,
Des eaus rendez si calme l'onde,
Que nous sentions en ce decours,
De vostre faueur le secours.

Et toi deesse de vertu,
La Fill'en chance fortunee,
Quand Gerbion sera vaincu,
Comme portend sa destinee:
A ton honneur sonneront vers,
Sur instrumens dous & diuers.

Car la grand' obligation,
Que nous auons à ton merite,
N'a dessus nostre affection
Authorité qui soit petite:
Nostre deuoir insuffisant,
La dira mieuls en se taisant.

Finie

FINIE cette ſupplication, le Roi fit auſſi toſt macter, & tuer plusieurs ieunes beſtes, par le prophete Calchas, qui eut bonne reſponſe des dieus. Au moien dequoi, apres que les claſſes furent deliees, & les Anchres leuees, ils cinglerent auec l'aïde du prince des vẽts, en ſi peu d'heure, qu'ils ſurgirẽt pres de la ville de Rhiõ: au millieu delaq̃le (cõme le Phare du Roi Ptolomee) ſe preſentoit vne tour ſur vn Roch aſſiſe, plus orguilleuſe que l'inſenſee Babel du robuſte Nembrod: laquele eſtoit inuincible, d'acces laborieus: difficile, & de hauteur admirable. Au circuit duquel Roch, couuert de treſſez Lyerres, & reuerdiſſans Smilaces, i auoit encores pluſieurs precipices (choſe fee) ſinüeus deſtours, & tortus Angiportes, mais qui reſpondoient (comme d'vn Labyrinthe) tous à vn chemin assez spatieus inaccessible toutesfois à ceus, qui ne scauoient les secrets tendans tous à la seule porte de la ville, estant situee au milieu de l'Ile: laquele portoit en sa latitude 36: & en longitude enuiron 90 stades: autant fructueuse que fut oncques tempé. Asyrhion en son viuãt auoit fait retrancher ceste Ile du cousté qui estoit limitrophe, & finitime à la Moree, par lequel l'entree terrestre leur estoit commune: cause de continuele sedition, entre ses voesins, & lui. Or de l'autre cousté, qui faisoet front à Parnase, se lessoit couler l'Eau chrystaline d'vne fontene, que l'ongle de Pegasus fit sourdre, cõme celle des Helliconides, enrichie, & decoree de plusieurs, & diuers grans Arbres: Ronzes: Taillis, & autres menus Buissons, sur lesquels se reioissoiẽt maints petis

oiseaus

oiſeaus, qui de leurs humides goſiers ſcauoent remplir le lieu de gratieuſe harmonie, en volupté ſi prodigue, & delectable, que l'exprimer ſeroit impoſſible, veu que la penſee, & imagination, ne le peuuent comprendre. Et de cette Fontene reſſailloient encores diuers ruiſſeaus, qui, comme ſe promenans parmi les valees, gratieuſement à elles ſe diſtribuoient, d'ou naiſſoit infinité de fleurs, en ſi accommodee variete, qu'il ſembloit que Nature n'auoit rië volu oblier pour la decoration de l'Ile. Dauantage tout le long de la riue du maiſtre Canal, qui receuoit les Eaus des autres, & les rendoit à la Mer: eſtoit à double reng, plâtee diuerſité de beaus Arbres, qui par les verdes feulles de leurs vagues rameaus, donnoiët fraiches ombres à ceus, qui eſtoent impatiens des plus aspres, & insupportables chaleurs. Quoi plus? Chiron seiourna longuement deuant Rhion, ou il perdit beaucoup de ses gens, attendant le Satrape de Macedon, qui ne faillit au iour promis arriuer, auecques myriades d'homes, pour se venger de l'iniure commune. Sans cela le Roi Thessalien auoet deia conclu son debarquement au l'endemain, aiant perdu toute sperance de surmonter ses entreprises.

Il i â en cest endroit quelques fullets rompus, qui contenoient, pense ie, le recueil, que s'entrefirent les deus Princes: lequel ie vous lerrai à loesir philosopher, tandis que ie continue le fil de nostre histoire.

DOnques à l'abordement du Satrape, les haures, & Ports de

de toute l'Ile, furent occupez, & la face mesmes de la Mer si chargee, & couuerte, qu'il n'estoit possible d'en rien voir. Le Prince Gerhion pour cela ne diminua son cœur ains se voiant assailli par deus puissans Rois, les repoussoit vertueusement, & sans aucune fraieur, car il estoit asseuré de ne tomber iamais en la puissance de ses ennemis, par vn Necromantien qu'il auoit, plus excellant en la Magie, que ne fut oncques l'inuẽteur Zoroastre: biẽ qu'autrement la verification de son Horoscope, l'inclinast à beaucoup de penibles influences. Cependant que chacun faisoet ses diligences, Chiron surpris, comme d'vn Cauma, qui est vne mordicãte, & bien agüe maladie, fut en l'age de 68. ans, contraint d'obeir au rigoreus commandemẽt de la fille à Demogorgon: dont le Satrape reçut merueilleuse doleur: qui toutesfois lui fit obseques, & funerailles, dignes de tel heroique Prince, fort lamentables, & en pompe excessiues. Or le Satrape ne voulant perdre l'opportunité commode que lui offroit l'occasion chauue, fit venir à soi les principauls de Chiron, desquels, apres plusieurs remonstrances, il se fit adorer, fit mettre la main sous sa cuisse, & faire la foi, comme à leur Tiran, & Souuerain. Le Satrape auoet lors campé trois ans deuant Rhion, sans lui donner detrimét que bien petit. Parquoi vn iour entre autres conferant auec ses plus familiers, & reduisant en soi sa grandeur, delibere d'auoir la place par force d'homes, ou famine: iure Proserpine son ordinaire sermét, qu'il abysmera le Roch, & cófondra la Ville, ou il mourra en la peine. Incontinant

nant il mãde à Phorbas, qu'il auoit laissé superintendant au gouuernement de sa corõne, qu'il lui enuoie en diligence multitude de ceus, qui deia ceignoient, & portoient le Balthee, auecques force munitions de viures, & la plus renommee Phytonisse, ou Sourciere, qui fut en sa prouince. Gerhion sur ces entrefaites, informé du trespas de son ennemi capital, enuoia clandestinement & viste, par deuers Lucius, coronal de l'armee de Chiron, le solliciter de tenir son parti cõtre le Satrape, & qu'en recõpense il lui aideroit d'estre successeur au trespassé. Or ce Lucius estoit home vaillant, de grandes menees prouide, vsant en toutes ses faciendes de prudence: & qui en autre temps, auoit esté des intimes de Gerhion. La faction duquel il ne volut pour l'heure suiure, obstant le ſerment de fidelité deia fait au Satrape: ioinct que leur precedante amitié, s'eſtoit conuertie en haine, comm'on dit, Vatiniane. Bien lui manda que la recordation de leur paſſee familiarité, n'auoit permis de faire deplesir à ſon Proxenete, & ſolliciteur : lui conſeille de s'humilier au Satrape, qu'il auoit ia reconnu: & s'il trouue bõ qu'il iette les fondemẽs de ſa recõciliation qu'il ſemploiera volontiers. Sinon qu'il n'atẽde rien moins q̃ ſa ruïne. Gerhion voiant la fleur de ſon entente, par ces triſtes nouueles, eſtre flaitrie, & ne ſperant de là plus aucun fruict: ſe diſpoſe de ietter autre ſemence, en terre moins menteuſe mais pendant toutes ces reuolutions, ſuruint infinie multitude de peuple au Satrape, à la maieſté duq̃l ſe preſenta vn venerable Bagoas auecques ſes mouſtaches de chat,

& deia

& deia tout leucophee, cõduisant par la main quelque enfumee Phytonisse, qui auoet le creus des iëuls enfoncé, & refuiât dans la teste: seche: basannee, qui sembloit plutost estre vrai receptacle de quelques petis Demons, & qui en parlant mouuoit les babines à la Singesque. Le Satrape ioieus de ce present, fit aussi tost descendre toute sa gendarmerie en plene campagne, laquelle il reconnut par plusieurs reuëues, estant Gerhiõ debout sus vn lopinet de sa Roche contemplant toutes ces brauades, plus pour abuser son ennemi, que pour aucune delectation qu'il i prit. Car il fit promptement deualer bonne compagnie de ses gens, lesquels courageusement se foncerent iusques aus Sentines des Naues du Satrape, & se chargerẽt de viures, & autres munitions qu'ils purent rauir nonobſtant la reſiſtance des Gardes, partie deſqueles furent iettees aus Poëſſons, l'autre tuee, & maſſacree, & n'en echappa que ceus, qui porterent les nouueles aus Satrapiſtes, qui ſoudenement, & en auſſi epaiſſe foule acoururent comme lon voit communemẽt au feu. Les gens du Prince ſe doutans de cette ſuruenue, & qui n'eſtoent ignares des virades & deſtrois du lieu, remonterẽt auſſi legerement, que le petit Eſcurieus contremont mais ils ne purent oncques ſi habilement gagner le haut, qu'ils ne fuſſent cõtrains faire face de leur dos, s'arreſter, & ioindre la main auecques l'ennemi, dõt s'enſuiuit cruele melee. Et bien que l'endroit ou ſe faiſoet l'ecarmouche, fut mal aiſé pour les vns, & difficile aus autres: toutesfois les Satrapiſtes faiſoient rage de ramper cõtre le Roch, qui leur

leur profita peu. Car voluſſent ou non, les gens de Gerhion (fors vn) ſe retirerent lentement, eſtans ſecourus des autres de la ville, qui ruoient force dards, coups de iaue lines, fondes, baliſtes, & ſeches baſtonnades ſur les reins de leurs ennemis, à la confuſion, & honte du Satrape, qui en cuida creuer de dueil. Ce miſerable Priſonnier lié, & garrotté fut tãtoſt mené deuant lui, qui cõmanda ſur ſa furie, qu'on l'ecorchat tout vif. Mais ſon conſeil trouua meilleur, l'enquerir des moiens pour vincre Gerhion. Parquoi le Satrape eſtant quelque peu reuenu à ſoi, trouua bon l'auis de ſon conſeil: & iura delors donner liberté à ſon Eſclaue, s'il lui decouuroit au vrai l'eſtomach de ſon ennemi. L'eſclaue dit qu'ils ne ſurmonteroient iamais Gerhion, s'ils n'occupoient premierement vne

Fonte

Fõtene, laquele boullõnoet iouxte les racines, & fondemens des murailles, que Nature auoit reparee de haus bois, buissons, & taillis bien epais: ou se pouuoient facilement musser grand nombre d'hommes, s'il estoit possible les i conduire en tapinois. Aussi que ceus de Rhion, pour auoir de l'eau, sortent souuent par la poterne, qui estoit de ce mesmes cousté: laquele vne fois gaignee, aussi seroit la ville. Le Satrape pour verifier ces choses, depecha deus Espions: dont l'vn demoura prisonnier de Gerbion, & l'autre, pour se sauuer, se lessa, comme Sisyphius, roler du haut en bas, ou il se trouua culebutant, plutost qu'il ne cuidoit, en si piteus estat, qu'il ne pût rẽdre compte de sa cõmission de long temps apres, pource qu'il estoit tout estourdi, fort blessé, & mal en ordre.

dre. Cependant Gerhion entendit l'entreprinse du Satrape, cõtre laquele il sceut trop bien remedier. Il fit le long d'vn spatieus circuit de la Fontene, semer infinité de brandons menus, & secs, liez auecques fort minces cordelettes, & tout ainsi comme Fraisiers entrelassez, & pres l'vn de l'autre, engluez de Salpetre sophistiqué, mixtionnez de Bitume, Soulphre, Poix fondue, & enhuilee: puis les fit entasser sous le feullu des Ronses, & autres plus obscures herbes, de sorte qu'il ne fut oncques possible aus Satrapistes, d'en rien apperceuoir, bien qu'ils fussent veautrez dessus. I'estime que leur indiscrete affection leur ostoit cette perspicacité, & connoissance: ainsi que, volontiers chacun est aueuglé en ce, à quoi il desire paruenir trop hastiuemẽt. Mais Gerhion, outre cela, la, fit faire vne longue trainee, à fin que plus à coup le feu volast parmi ces fagoteaus, & aussi q̃lques torchis oings de gresse pestrie auecques Soulphre & huile, pour du haut des murailles de la ville, les ruer en guise de flambeaus, ou fusees, à tort, & à trauers, & faire en vn instant embraser toute l'embuscade: Pendant que cette ruse, & stratageme s'executoit, le Satrape entendit par son espiõ, que l'esclaue lui auoit donné singulier moien de victoire, auquel pour remuneration il donna liberté. Puis il fit choesir entre tous les siens grand nombre d'homes, adrois, trappes, & qui auoient le feu aus aureilles. à la conduite desquels furent prefects quattre des plus estimez de tout le Camp: & dessous eus quattre autres d'opinion bien peu inferieure: A tous lesquels le Satrape promit

promit l'ordre de perpetuele emãcipation, & franchise. Le rutilant Phebus, auecques sa bien aimee coronis, auoet dormi pres de cinq heures: & Cynthia sa seur, aiant au mont de Latmus secretemẽt laissé son petit mignon reposer à son aise: fesoet deia rouler à lentour de Rhion sa ronde boule sous vne clarté brune, quand les gens du Satrape demarcherent si sourdement, que la subtile Taulpe n'en eut iamais rien oui. Mais le Prince, qui seruoit d'oeil principal à la sentinele, eut facilement deuoié cette trouppe, sans la conduite du prisonnier Libertin, qui toutesfois, retenant encores son naturel, aima mieuls (Cõme le Papillon) se bruler auecques les autres, & d'autant affoiblir l'ennemi de son Prince: la faueur duquel il auoet par ses vertus telement aquise, que si l'infortune

tune n'eut mué le rire de son heur il fut deia l'Ame de Gerhion. Donques ainsi que chacun des vaillans Satrapistes disposé à sa place, retenoit son aleine, & ne se mouuoit aucunement, aiant l'aureille aus escoutes, & en intention resolüe de s'immortaliser : le Prince, qui sauoet touiours prendre l'occasiõ du temps à son oportunité donne le signe à Trechus, son ami visceral & intime, qui fit incontinent bouter le feu à la treinee ietter en plusieurs & diuers endrois infinité de Torchis, & allumettes, qui tomboient ainsi que cheuelües Cometes de l'Air, par industrie presques incroiable. Tous lesquels, ensemble la treinee, firent de sorte leur deuoir, qu'en vn momẽt de temps les Satrapistes furent grillez : les bois bien que verds, embrasez, &, qui fut le pis, la source de la Fontene

tene, ſentant la vehemence du feu, retira fremiſſant ſes venes, qui deslors ſe tarirent, ainſi que le robuſte Tyrinthius fit iadis ſecher dans le Palus du Lerne, le ſerpent à pluſieurs teſtes. Encores la violēce du feu eſtoit ſi impetueuſe, qu'ell' arrachoit, & feſoit voleter dedans les vaiſſeaus du Satrape aucuns eclas du roch, plus gros vn peu que ceus que Polyphemus le borgne iettoit apres Vlyſſes. Cauſe que le Satrape ſe retira. Ie vous leſſe penſer le nōbre des poeſſons tuez en la mer, cōment les ondes, & vagues ſe contreflotoent, en tōnerre plus horrible, que ſi tout fut abyſmé. Gerhiō voiant la cōfuſion de ſes ennemis, le deſordre & retraite du Satrape, fit ſaillie ſur ceus, qui s'eſtoent muſſez dās les ſentines des Naues, tous leſquels furent defais, froiſſez, aſſommez & occis: & ſaccagea tout

 ce qu'il

ce qu'il pût, le fit trainer, & porter dans la ville, ou il diuisa le butin entre ses gens. Apres il fit releuer le grãd pend de muraille, que les enormes bolets du roch auoent abbatu, & demoli : non toutesfois sans inestimable trauail, pour l'indigence d'eau qu'ils eurẽt à cõposer leur ciment, ou bitume : ou lieu de laquele ils s'aiderent de leurs vrines. Le Satrape desespereemẽt mutiné qu'il n'auoit aucunes nouueles de ses gens, ne pouuant par imagination assez cõceuoir d'ou estoit prouenue si prodigieuse tempeste, fit subitement venir sa Phytonisse, delaquele il fut informé, que le Necromatien du prince, vsoit de mesmes prestiges, & enchantemens qu'elle. Car volant preuenir & anticiper cette Balcanie, & malheur, les Larues lui firent reponce, que leur force estoit par coniuration

oblig

obligee, & deia mise sous la main de l'autre, duquel le credit enuers la deesse Nemesis, tenoit Hecaté, les Eumenides, & autres furies infernales, sous vne alliance. Lui dit aussi que tous ses gés, iusques à vn, estoient brulez, & en cendre, & pour l'heure, qu'elle ne voioit autre remede, fors: le Satrape n'eut patience de lesser poursuiure cette battologie & propos reiteré, ains stimulé d'aigre depit la cuida precipiter dans la mer, escumant de cholere, & craquant des dents à la mode d'vn Verrat bien echaufé: dont ell' eut si rauissante fraieur, qu'on ne la vid depuis. Le Satrape ne lessa pourtát reprendre ses brisees, & reuenir deuát Rhion, ou il eut perdu son téps, si le pretieus, & aus humains le plus seruiable des Elemens, en cõtinuant le bouillon de son occulte source, eut touiours rempli ſon baſſin, & refraichi les Tracons, Fibres, & autres petis cõduis, par leſquels il auoet acouſtumé s'ecouler, & arrouſer les verdoiantes caſettes, que les Napees auoent la choeſi pour leur demeure, & mutuele recreation: dont Gerhion fut ſi exceſſiuement troublé, qu'il ne ſçauoit quelle police donner à ce malheur echeu: encores moins de matter, ou refroidir ſon ennemi. D'autre couſté le Satrape ne pouuant venir au deſſus de ſes deſſeins, ſouffroet puiſſante angoiſſe, & preſques ſe repantoit de ſon voiage: aiant receu nouueles que Phorbas, entre les mains duquel il auoit fié le gouuernement de ſon empire, ſollicitoit par couuertes factions le reuoltemét de ſes ſubiets: ſi que par viues raiſons debatãt en ſon entendement, il reſolut en fin de capituler auecques Gerhion.

Paro

Parquoi il delegua quatre de ses Megistanes, pour porter au prince de Rhion, les conditions de paix, redigees en vn cartel. L'vne desqueles entre plusieurs autres, denonçoit à Gerhion, s'il vouloit quiter la place, que lui, auecques tele compagnie, & en tel equipage que bon lui sembleroit, sortit bagues sauues, autrement qu'il se dispofast l'endemain de soustenir assault plein de cruele inhumanité, voire tele qui ne seroit, & ne fut onques veüe. Le prince ioieus de ses nouueles, ne le monstra pourtant: ains sous roiale contenance dissimuloit sagement son aise, dont il fit participant son conseil, qui fut d'auis qu'il ne deuoit refuser tant heureuse cōdition, veüe leur pressante, & irreparable necessité. Gerhion, duq̄l la viuacité passoit sur toutes autres promptitudes, s'apperceut que le cartel n'estoit en forme, parquoi il soupçōna les enuoiez de trahison: & ne le pouuoit autrement croire: toutesfois pour auerer le tout, il decerna que des quatre Satrapistes, deus seulement reporteroient le cartel au Satrape, pour le faire authoriser, & iusques à tāt les deus autres demoureroient ses hostes, pour subir le torment que deseruiroet leur fraude, ou temerité, laquele il tiēdroit pour verifiee, s'ils ne reuenoēt le mesme iour, nonobstant la distance, & dificulté du long chemin, qui estoit à faire. Ce pendant qu'ils vuiderent en diligence, le prince examinoit ses hostes, & aussi cōferoit auecques son cōseil, sur son departement, ou resistance à l'assaut du l'endemain. Or ne trouuoit aggreable Gerhion le desistement de sa place, qu'il aimoit cōme sa propre chose. Toutesfois

tesfois quand d'ailleurs il conside-roit l'ineuitable, & Diomedee ne-cessité, ou il estoit, souspirât par fois il i consentoit: puis non: Car de la, ou? tantost il vouloit autrement: somme, il tenoit, ainsi qu'on dit, Le loup par les aureilles, & ne sçauoit bõnemẽt à quoi s'incliner, le tirant l'amour de son païs d'vnepart, & la cõpassion de ses suiets d'autre. Sur ces tergiuersations & entreprises, voeci de retour le cartel signé, chose que n'eut volontiers veüe Gerhion, pour l'extreme desir qu'il auoit de n'abandonner le lieu de sa naissance, & qu'il auoit en singuliere recommandation. Il i eut grans mysteres à lui persuader de le receuoir: toutesfois les raisons ci deuãt deduites le firent cõdescendre aus conditions i contenues. L'endemain Gerhion à grãd regret sortit enseigne deplicee, auecques quinze mil' homes, couuers de Bison, bien dispos, qui estoent comm' on dit, tous enfans masles, & qui ne monstroient estre laches de cœur, ne de force, auecques lesquels il s'embarqua en plusieurs Phaseles, & Triremes, que le Satrape lui deuoit fournir, munies de farines: chairs salees: vins: & autres choses necessaires, pour six mois, ainsi qué portoient leurs conuenances. Le prince n'a-uoit encores nauigué cinq mil, quād il decouurit entre le Bosphore de Calabre, & Sicille, certaine grande flotte de Lintres, & Brigantins remplis & chargez de vagans Pyrates, apostez de la part du Satrape, ainsi qu'il sceut depuis, pour l'ecumer auecques ses Tragulaires, Epibates, & autres ses Macherophores, ne sachant rien de cette couuerte machination le prince, qui, pendant que par honeste exhorta hortation il emouuoit le cœur de ses gens à faire presente foi de leur magnanimité, sentit plutost qu'il ne pensoit, quand les vaisseaus de ses ennemis coursaires, s'acrocherent auecques les siens, en fasson, que la separation fut impossible, iusques apres la victoire: laquele demoura au prince, à la perte toutesfois de beaucoup des siens: & de ses ennemis ne resta que ceus, qui patronisoient les vaisseaus, lesquels encores furent submergez, apres que Gerhion eut entendu tout le discours de leur hostile inuasion, qui aussi abandōna les depouilles à ses gens; fit happer toutes leurs viuandes & prouisiōs, reseruer les mieuls calfatez de leurs vaisseaus, & le surplus enfoncer, auecques autres des siens les plus inutiles. Cela fait Gerhion, en l'Ile ou Ætna regorge incessammēt, mit pied à terre auecques aucuns de ses plus fauoris, tant pour appaiser la faim de son estomach, que de sa cõpagnie, & pouruoir aus autres choses que nature requeroit. Là le prince fort faché des gens qu'il auoet perdus, prit son repos, non toutesfois, cõme lon dit, en l'vne & l'autre aureille, sous vn excellant pauillon, couché sur Endromydes, ou Gausapes, lessant au demeurant soing de la sentinele, & de ses vaisseaus, à qui bon lui sembla. Aussi tost que la vermeille Tithonia sur son chariot montee cõmença se faire aparoitre: Gerhion, auquel la nuict auoit duré longuement, se trouua en point de gaigner païs: au moien dequoi apres que son pauillõ plié, son bagage mis en ordre, que les mas furent leuez, les voeles guindees & tendues: les forsas à la rame, & que lui ses Phalanges, & legions

gions, estoent en equipage pour receuoir toute occasion: ie dis:

Quand les Carbases elancees,
Furent dans les eaus auancees,
Et que la Terre disparüe,
Dessous la force de leur veüe
N'estoit ia plus, Ains seulement
Le Ciel, & liquid' Element,
Auec vn temps serein, & calme.
Neptun' adonc suscite l'Ame,
Tant d'Eolus, que de ses vents:
Qui au contrere se mouuans,
Si rudement s'entresoufflerent,
Que de la Mer les eaus s'enflerent:
Puis vn gros Nimbe pluuieus,
Roulant parmi l'Air furieus,
Change a le iour en nuict obscure
Le Prinс' estant fort trist' à l'heure,
De voir la Mer si Typhonique,
S'accommoder au temps inique,
Ne pouuoit assez conceuoir,
Qui les fesoit ainsi mouuoir.

Aussi la seule apprehension de mort inopinee, est assez puissante pour estonner le plus constant, entendu qu'il n'i à rien aus homes si pre pretieus que la vie. Mais Gerhion s'auisa de consulter son Necromantien, qui l'asseura pour cette fois de ne faire aucun naufrage: seulement que Neptune s'estoit indigné, qu'à son debarquement de Sicille, il auoit oblié lui faire les libations, & sacrifices acoustumez. Entre ces propos, voeci à l'improuise, vne Forme, comme iadis le chariot de Phaëton, toute en feu, dans vn petit Lembe, légerement rasant les ondes salces, iusques au millieu des Naues du prince, laquele profera clerement:

Vagant par Mer, tu la fendras,
Et puis ta Mere tu prendras:

Incontinent apres elle s'euanouit, mais eclatant si impetueusement, que quatre des Triremes de Gerhion, plongerent à fonds:

Le Prinс' adonc, de crainte reuestu,
Aussi tost fut à l'enuers abbatu,

Et

Et par son Corps stilloet froedde sueur,
Ainsi qu'à ceus, qui en grande fraieur,
Sentent troublez leurs sens, & leurs Esprits,
Pour de la mort se voir presque surpris,

Mais Gerhion reuenu à soi, rumina longuement que pouuoet signifier le Probleme de ce Phantasme : & voiant en l'interpretation d'icelui, que son entendement ecclipsoit, en fin il assembla les Sophistes ingeniosieus d'entre tant qu'il en auoit, pour ecerner cette noix tant auare : mais les creus de la questiõ proposee estoiẽt si durs, que plusieurs i rõpirent vne bonne partie de leurs dents. Parquoi le prince connoissant que ce mystere estoit hors la capacité des homes, & que passer plus oultre dans les secrets diuins, cela lui pourroit preiudicier, il cõmande qu'on se prepare aus Hecatombes, sacrifices acoustumez en Peloponnese, voesine

ſine de ſon iadis Rhion, qui eſtoiẽt comme obſeques, & funerailles, en recordatiõ des treſpaſſez. Parquoi incõtinent les Sacrificateurs firent tuer de diuerſes eſpeces, iuſques à cent beſtes de chacune, leſqueles ſur cent autels eleuez, ilz preſenterent aus Ombres, pour Hoſties, & Victimes encencees de force ſuffimeus odoriferes: par la litation deſquels, Gerhion eut depuis les vents en pouppe, la mer bonace: & le ciel plus amiable: de ſorte, qu'apres longue reuolution de ſes aquatiques, & fluctuantes erreurs, il fendit les ondes marines, & reprit la terre ſa mere, comme il lui auoit eſté vaticiné, par la deſcente qu'il fit en la plene, qui contenoit en toute meſure cent ſtades, d'vn couſté contigüe à vne chauſſee fort haute, longue toutesfois iuſques aus murs de la cité nommee Bracche, loing de

Gerhion de trois mille pas. Les habitans du pais auoient fait leuer cette chaussee, contre la mer, pour rebouter son annuel Cataclysme, & defendre leurs possessions, de ses inondations, & rauines. Or les Pasteurs, qui auoient ia emparqué leurs petits troupeaus, effroiez de ces hostes inconnus, à la plus large, & precipitee course qu'ils purent, denoncerent leur arriuee aus habitans de la cité, principale de toute la prouince. Mais tandis que les Citoiens faisoient abbatre les Cataractes ou Herces de leurs portes: dresser leur guet: verifier les machines, & disposer en ordre ceus, qui pour la tuition de la ville, dõnoient d'eus quelque meilleur iugement: Gerhion, connoissant que l'arc ne peut touiours estre tendu, & voiant ses gens presques recrus, des passees exagitations marines: pyratiques

tiques incursions: & des indicibles trauauls, que la fureur des estuâtes vagues, leur auoit fait par cinq lustres acomplis, miserablement souffrir, les secouant tantost eleuez en l'air, tantost reiectez es gouffres des profondes eaus: puis soudain releuez, & aussi tost transportez de Climat en autre: apella Trechus, & Sydon, ses Apochrysaires, & plus intimes amis: tous deus pareils en noblesse, & force, ne moins l'vn que l'autre prudent, & vertueus, & qui, pour auoir esté nourris ieunes auecques leur prince, sçauoient ses complexions dessus le doigt: pour auqueles supplier, non toutesfois tant à la volee, mesmement en choses d'importance, & d'honneur, ils s'estoient telement insinuez en sa grace, qu'ils lui seruoient de seule Nauete, en la tissure de tous ses desseins: Ie di, toutes les entreprises du prin du Prince, discourues & liees par leur cõseil, lui reuenoient touiours à fortuné periode: & que ie ne puis assez loüer, ils se supportoient en cette Philadelphie, & roial credit, de sorte, que iaçoit q̃ Trechus, eut en Gerhion, ie ne sçai quoi d'auantage, pourtãt en cela mesmes, il çedoit à Sydõ, qui causoit en eus plus grãde reuerẽce. L'amitié ainsi cõduite dure volõtiers: & l'estomach du prince qui se repaist de tele nourriture, ne souffre iamais aucune discrasie. Mais quãd l'orguilleuse ambitiõ vsurpe la prĩcipauté entre ceus qui sont de mesme Chalybre, l'emulation, mere de toute discorde, ne se pouuant en soymesmes cõpatir, suscite adonc la tumultueuse Synchisie, qui prepostere toutes choses. Gerhion dõques acosté de ses deus amis, estant au millieu de la plene, sur vn petit Tertre, ou estoit son tabernacle dressé, craignãt que, comme trop grande indulgence, enerue les plus Robustes: Aussi que la nouueauté des affaires prochains ne retirast, & n'elanguit le cœur de ses gens, s'euertua les animer par cette exhortation: Quand ie considere l'estat passé de nos auantures, ie le trouue (mes amis) auoir esté suiect à beaucoup de miseres: telement que ceus qui sont nez à heures plus fortunees, ne peuuent, & ne doiuent encores se reputer heureus, tant qu'ils traineröt cette corruptible masse de chair, ministre seulement des heroiques conceptions, que l'entendemẽt se presente: en l'execution desqueles, bien que soions à moindre, exẽple pour nous ensuiure & se perpetuer, toutefois la gloire naissante des actes, deuient en fin comme l'herbe fenee, s'ils ne sont tels, que la Renom mee s'oblige à leur immortalité, laquele est seule recõpense, que nous sperons des Souuerains, vniques remunerateurs des fatigues de ceus, qui par vertueuses gestes, se rendét conformes à leur deité. Ie veuls dire, que si bien vous reduisez en memoire, nostre oisiue premiere vie, elle, auparauant ces belliqueus tumultes, nous retenoit plongez au bourbier de ses delices, & voluptez lasciues : au sarcueil desqueles vos vertus, à present manifestes, estoiét obscurement enseuelies, & encloses. Mais depuis q̃ vous auez choesi le meilleur parti, & librement deprise ce, qui estoit vnefois perissable, pour orner vostre chef, d'vne coronne immarcessible, & qui ne flaitrit iamais, vo⁹ auez suffisammét satisfait à l'obligation du mieuls, telement que ne pouuant iadis s'estendre vostre lumiere, empechee du gros voele, duquel nous estions enuelloppez, maintenant elle s'est par vos constantes magnanimitez, & cœurs insuperables, en plusieurs endroits de cest vniuers glorieusement dilatee. Vous souuient il (mes amis) quand nous vuidames par le Bosphore cimmerique, quelle peine vous endurates, entre ces Monstres tenebreus? Qui toutesfois trãblent quand la recordation de vostre force leur suruient. Ie ne vous dirai rien des gentillesses que vous fites en la cruele thrace, à laquele vostre pesante main fait encores sentir sa puissance. Et ie croi que la mer Hellesponte, coloree du sang de vos ennemis, peut testifier combien vous pouuez, à fin que ie taise l'abysme des incursiõs que nous auons souffert, transfretans les perilleus Colphes, & destrois, soit ou de la Tyrrhene, ou Adriatique.

u, Col- s sinu s.

Aussi

Aussi vous n'auez mis en obli la freche defaite en plene mer, de ce deforme Thersités, Corsaire tant fameus, acompaigné de grãd nombre de Galeres bien equipees, ausqueles vous sceutes dextrement ioindre, & accrocher les nostres, dans pas vne desqueles le plus hardi d'eus, ne mit onc la pointe du pied, quand par effects immemorables, comme volans alegrement, vous effondrates partie de leurs vaisseaus, & les autres furent legerement pris, & pillez, sans perte de nous que bien petite. Nous auons beaucoup fait, & ne scauons qui nous reste : mais, comme qu'il aille, il faut que chacun se resolue de telement poursuiure le bon commencement, qu'il en raporte selon son esperance, le fruict qu'il attend, quand nous serons peruenus iusques à l'heureuse borne du repos, que les meilleures destinees secrement nous reseruent. Or à present nous sommes en region estrange, ou les homes, & leurs fassons nous sont inconnues, & prochains d'vne ville, qui â, comme nous voions, la Ligustique d'vn cousté, & des autres, ell'est circonuallee de hauts rampars, & profonds fossez, ainsi que fidelement nous â remonstré le cordial Austrebius, auquel nous auions donné cette charge & pour ces causes elle semble difficile à subiuguer. Mais si la vertu, si quelque gloire : si, di je, vostre vsitee constance, tient encores au millieu de vostre cœur resserree la mesmes volonté, que vous auez touiours euë & prompte, & liberale, en tous nos autres encōbres: voyez ie vous supplie, à quelles felicitez vous fera ouuerture cette clef, si vnefois elle nous est obeissante? Asseurez vous,

mes

mes amis, que les publiques memoires, & annales de toutes nations, receuront cest eternel tesmoignage de vostre victoire, pour la tymbrer & engrauer au cœur de tous les Siecles, qui depuis ce teps naistront, aus autres à venir. Tandis que Gerhion entretenoit son armee, voici ceus qui estoient au fourrage, auec grand nombre de toutes sortes de bestes, & quelques Charios chargez de farines, pains, cariques, & autres viuandes, par l'indigence longue desqueles, les gens du Prince estoient fort extenues, & abbatus, toutesfois ils furēt bien tost corroborez, & remis en leur bon point, par la refectiō qu'ils prindrent quelques iours, durant lesquels, deus legions des Veteranes, se presenterent aus habitans de Bracche, tant pour les ecarmoucher, que reconnoistre l'assiete du lieu.

lieu. Or pensoient ces vieilles bandes auoir trouué proie, par la rencontre qu'ils firent des interpretes, & deputez de la ville, sans le caducee q̃ portoit entre ses mains le Toparche, & principal de tous les enuoiez, pour aller voir quel home estoit ce Prince estranger, & sa compagnie, laquele, sans cela, leur apparoessoit grãde, par la multitude des tentes, & tabernacles au large estandus, & dressez en la plene, & aussi pour declarer au Prince qu'ils ne pouuoient plus conniuer aus depradations, & pillages soumentaires, que ses gens faisoient sur les Ruraus du païs: ne pareillemẽt supplier au ioug d'aucune seruitude, sous lequel leur coustume estoit faire plustost couruier toutes autres Nations. le Prince Gerhion, comme la palme, plus verd que iamais, à cette declaration bien examinee, respondit succintement, qu'il pretendoit par bonnes armes renuerser leur liberté, puis qu'ils ne vouloient autrement la conseruer par honeste obeissance. Or pendant ces allees, & venues, les Charpentiers, & autres artisans, firent à toute diligence plusieurs grosses tours en diuerses façons, & autres engins necessaires à l'expugnation d'vne telle ville (qui tenoit en longitude quinze cens pas, & huict cens en latitude) du bois mesmes des Aphractes, Brigantins, & autres leurs vaisseaus marins, que Gerhion expressement commanda rompre, & depiecer, pour tollir à ses gens toute fin de colloquer leur refuge ailleurs, qu'à la victoire. Les tours se lessoent facilement trainer par petites, mais bien trappes Roües, entre l'interualle, & distance desqueles, estoet compris certain nombre de Vaſtadours, ou Pionniers, pour ſeurement ſaper, ou miner le fondement des murailles. Et par deſſus eus, i auoit trois eſtages, chacun desquels estoit capable, de cent, à ſix vingts, mais de ſeze hommes de frõt. Et le ſupreme des trois en façon de pinacle, ſe couuroit de chaume deſtrampé, mis deſſus vn gros cuir ſemblable à biſon, pour mieuls reſiſter à toutes hurtes. Or la nuict precedante l'aſſaut, Gerhiõ enuoia grãd nombre de foſſoieurs, ſous le guidon du gentil Auſtrebius, aueceques quatre Phalanges, des plus acortes qu'il eut, pour faire vne Trenchee, en forme d'Euripes, ou Souterranes, à la commencer depuis la Mer en arriere. iuſques aus foſſez de la ville pour les ecouler, & apres les faire ſoudin combler, en maniere qu'il fut poſſible conioindre les Tours aus

murs

murs de Bracche. Ce que fit Austre bius en tele dexterité, que ceus de la ville ne se donnerent garde, que l'Armee du Prince se presenta l'endemain à eus, auecques toutes leurs machines disposees à la batterie, deia bien chaudement commencee. Que si la Tour de Sydon eut battu la premiere, comme celle de Trechus, la ville estoit en peril d'estre exterminee : tant pource que l'endroit de Sydon, estoit le plus mince, que deia ceus de Bracche deuenus moins curieus, se iactoent vulguerement, qu'il n'estoit requis tant se trauailler pour vn si petit compaignon, veu que la seule cincture de la ville, estoet assez forte pour le renuoier bien Camus. Toutesfois la breche que Sydon auoet ia faite pour quattre home de front, leur fit, comm'on dit, chanter la Palinodie : & penser autrement,

de

de ſorte que ſi le grand pend de la muraille abbatue, ne ſe fut renuerſé du couſté de la Tour, & les habitans euſſent perſeueré en leur Orgueil, & outrecuidance, ils ſe fuſſent trouuez ainſi, que l'Aſne entre les ſinges. Mais tout ainſi que nature, par vrgente neceſſité, donne volontiers auiſement à celui, qui en â le moins, Auſſi pour euiter le ſaccagement prochain, vous euſſiez veu les plus laches de la ville, s'eſtendre par cris enormes: exciter les moins eueillez: donner force aus plus courageus: & fortifier les plus debiles, & puſillanimes à leur defenſe, ſi qu'en vn moment la refluance du populaire fut tele, que Sydon, & ceus qui purent de ſes gens, furent contrains prendre terre, pour ſe garantir des flèches: pierres: & feu artificiel, que les Bracchiſtes lançoient contre eus, &

la Tour, ſi dru, que par trois heures continuees, on ouit l'Air gemir, & plaindre leur violence.

Gerhion certioré de ce peril, mande à Trechus, qu'il face promptement ioindre ſa compagnie auecques Sydon: auquel tous deus donnerent ſecours ſi alegre, que pour cette fois l'euenement de la victoire leur fut incertain. Auſſi le iour auoit deia fait place à la nuict, laquele moienna leur retraite iuſques à l'Aube du l'endemain, ou redoubla l'aſſaut des Gerhioniſtes, contre ceus de Bracche, qui le ſouſtindrent de ſorte, qu'ils raſerent encores à leurs Ennemis toute ſperance d'i entrer. Mais le Prince voiant que ſes gens auoient eü quelque crainte de s'expoſer à la breche, s'auiſe de les emouuoir par largeſſes, & autres moiens. Parquoi les aiant reuoquez, & particulierement

ment, & en general tous remunerez donnant aus vns grand nombre de Sicles d'argent, & aus autres certains Talens d'or, leur abandonna finalement le ſac de la ville: Pource qu'il n'i â rien, qui agüiſe tant le cœur des Soldatz: leſquels plus ioieus que iamais incontinant que le ſigne fut donné, ſe ruerent en ſi furieuſe impetuoſité contre la breche preſques deia rechauſſee, que nonobſtant les ſuffrages que requeroient à leurs Idoles, & Symulachres, les femmes & enfans, enclos dedans leurs Temples, & quelque repouſſement que fiſſent les Bracchiſtes, ilz firent en moins de quatre heures leur Prince, ſeigneur de la ville, dans laquelle les Gerhioniſtes entrez, pillerét apres innumerables richeſſes: exercerent incredibles cruautez, & rauiſſemens: & ſans ce que Gerhion fit publier

publier le desistement, ils l'eussent desolee. A cette prise Gerhion perdit 12. cens des siens, & quasi les trois cars de la ville furent desirez, qu'on estimoit de dix à 12. mille homes, le menu peuple non compris. Le Prince voiant que sa deesse Rhamnusis, auoet par armes fait obeir au tour de sa Clef, les aspres ressors de la principallie ville de ce païs, deuant que passer plus oultre, & pour se rendre plus asseuré, il commande qu'on lui baille suffisantes pleges, comme Collybistes, & autres qui auoent bonne robe, iusques au nombre de 50. ensemble toutes sortes de munitions necessaires à son armee. Apres que les superieurs de la ville, lui eurent fait la foi, il imposa nouueles loix, faciles toutesfois, & supportables. Et certes tant qu'ils demourerent sous la domination du

Prince,

Prince, ils ſe monſtrerent enuers lui, non moins humbles, que lui enuers eus fort gratieus, & debonnere: de faſſon que poſé qu'ils euſſent infinis moiens de ſe reuolter meſmement aprés que leurs pleges furent rendus: ſa garniſon leuee, & que deia il fut profond, & bien enfoncé dans la Gaule ciſalpine, ils perſeuererent neantmoins en leur iuree volonté: iuſques à tant que Typhon, fils de Rufus, par aſtuce fatale rendit à ſoi tributaires ceus de Bracche.

Or auoit rufus de ſon viuant fait ſubſtraire, & tranſporter couuertemét ſon fils vnique Typhon, par vn nommé Nardi, qui eſtoit le ſeul Eſcrin de ſes myſteres, & ſecrets: pour l'expoſer en la foreſt de Reb, ainſi que iadis fut le petit Cyrus roi de Perſe, par ſon aieul Aſtyagés: pource

pource que les Diuins, auoēt predit à Rufus, que ſon filsdeuoet ren uerſer la Liberté du païs, par influence non ſeulement de ſes conſtellations verifiees, mais auſſi par le preſage qu'ils trouuoent en la prophetie de l'excellent Phenix, le pareil duquel ne s'eſt veu depuis. Mais ie lairrai Typhon en l'executiō de ſes deſſeins, & en continuāt l'ordre que nous auons touiours gardé:ie dirai que le bruit de Gerhion s'epandit en tous endrois ſi auant, qu'il n'i auoit place, pour forte qu'elle fut, qui ne foeblit, & ne ſe reputaſt trop heureuſe d'eſtre ſous ſa main : partie pource que ſon illuſtre vertu, tenoit deia pluſieurs regions comme embraſſees, & partie que ſes euures inenarrables, auoiēt quaſi occupé les deus Hemiſpheres de l'vniuers:à fin que ie taiſe ſa douceur:manſuetude, &

liberalité, enuers les vincus tele, qu'il sembloit de toutes disciplines estre la seule Encyclopedie. Somme il franchit victorieusemẽt tant de facheuses montaignes: tristes desers: dangereuses plenes: & autres estranges nations, qu'en fin (ainsi qu'vn autre Laërtiadés) la fortune le rendit auecques 6000. homes au fort, par les Auernes lors appellé ESCHIZARAI: c'est à dire, vieil Palais. La, il receut beaucoup de trauaus auant qu'i entrer, tant il estoit brusquement defendu par les Autonomatiens, & democratistes, peuple barbare: acephalique: sans conseil, rude, & felon, & qui pour la liberté tenoet moins de sa peau, qu'vne brute: joinct la forteresse, ou grosse Tour Mbnab, bastie seulement d'arene cimentee, sur laquele estans montez, ils reboutoient fortemét leurs

enne

ennemis: la teste desquels ne pouuoit resister à la pesanteur des horribles carriers de pierre, qu'ils fondoiét du haut en bas. Cette Tour iadis appellee Mouab, cõme vous pouuez verifier au marge, auiourdhui se nomme Bonam: combien que par facetieus equiuoque, nous disiõs Bon-An, d'vne faisans deus dictions. I'espere deduire es autres liures, plusieurs singulieres choses tant de sa ruïne, que restauration, mutations, & accroissemens de la ville, laquelle mesprisee de ses propres enfans trop ingrats, ne cesse de lamenter son iniure receüe.

Oppid[illegible] nis M[illegible] nab, est, Ar[illegible] Bonã c[illegible] scensis[illegible] hostes e[illegible] stanti a[illegible] mo, ho[illegible] rẽdis r[illegible] pellebã[illegible] saxis, &

Or ce peuple en fin mal conseillé, discourant, comme confus, parmi les bois, se rua sur les Gerhionistes, qui viuement, & en bon ordre soustindrent cette fureur transpontee, & la repoulserét à la perte finalement de beaucoup d'eus,

& de leur place. Le Prince estant seigneur d'icelle, aiant quelques iours apres, à loesir contemplé l'assiete, & naturelle fertilité du Suquet, rendu plus honorable par l'ombrageuse Touffe du haut bois qui lors estẽdoit sa perruque deus fois autant, que la ville est maintenant grande, ensemble vne plaine vers orient, belle & longue enuironnee de plusieurs Monts, qui auoient les aucuns à leur sommet, epaisses, antiques, & hautes forest suiettes à toutes chasses: puis à force de bois taillis vers occident baissans comme les vallees: & aussi de petis coustaus multipliez & chargez d'innumerables tortues colõnes, qu'on disoit auoir esté là plantees par Denis, & Bacchus le ioieus: & autres leurs circonstances, auecques les ruisselets d'vne claire fontene (dont le bouillõ est encores

res loing de 13. ſtades) filans par les verdoians prez, qui volontiers les ſuccét encores lors, que la flagrante & alteree Canicula tient le ſceptre pour dominer à ſon tour: ſe reſoult de colophoniſer ſes labeurs, & là planter vn but à ſes trauauts paſſez, ſi que delors pour pluſieurs ſimilitudes, & conferances du lieu au ſien de Grece perdu il impoſa nom à ce vieil palais: Rhion: & fit ſur la porte inſcrire ce Tetraſtiche de ſon inuention, que nous auons traduit ainſi.

La fontaine d... lignet.

Qui fus iadis Eſchizarai,
Ores Rhion m'appellerai:
Et qui Rhion ores me dis,
Eſchizarai ie fus iadis.

Porte Palais, ... dis Lab... de.

Ceus qui ſeront ialous de noſtre Palyngeneſe, & regeneree Proſapie, croiront piteuſement ces choſes, & m'aſſeure qu'ils prendront pour ſornette, ceſte traductiõ, iuſ-

F 3 que

ques à tant que l'exemplere Latin leur sera mis deuant les ieuls. Mais ie doute encores, quand ils le verront, quils ne m'insimulent (cõme de nostre Narcisse) ou de larcin, dõt ie sentirois mon hõneur violé: ou de controuee inuention, qui m'argueroit de fole audace. L'euure ne peut subsister, pour estre perennisee, si le fondemẽt est mẽteur. Ie croi que cette elucubratiõ, venant de main incõnue, seroit vn paradoxe, c'est à dire, de grãde admiration à ceus qui estimẽt beaucoup plus les onguens exotiques, encores qu'ils soient puants & cõtre cœur: non que ie me cerche par dehors, mais ils s'abusent s'ils cuident, par leur emulatiõ, creuer les ieus à nostre Corneille. Aussi ie sçai que celui, q suborné par les amorsantes illecebres de sa Philautia, est à soimesmes vn autre Suffenus, ne trouue

trouue iamais rien à sa poste, & eut il esté mis sous la presse de neuf ans semblable à ceus, qui, apres estre bië remplis, s'en vont clandestinement sans regratier leur hoste de son festin, iacoit qu'ils i aient esté somptueusement, & traictez & receus. Le naturel de l'ignorãt Zelotype, ebranlé par l'aure de vaine gloire, ne loüe que le sien propre, telement que tout ce qu'il rauasse, sont roses, ou pierres pretieuses. Archytas disoit que le monde est moins depourueu de Sycophantes, que les eaus de poëssons sans arestes. A chacun, Iupiter n'est à gré. Que si ie voulois m'accommoder aus affectiõs, & satisfaire au plesir de tous, que ferois ie autre chose, que me ietter moimesmes en Ilium?

Mais en priué, ou en Commun,
Parle qui veut, ce m'est tout vn.

DOnques Gerhion quelques iours apres qu'il eut pris, & humé de l'Air de ſon nouueau Rhion diuiſa le reſte de ſon armee, en pluſieurs colonies: à chacune deſqueles il aſſigna ſa demourance de 16. ſtades en rond, diſtans de ſa perſonne: les admoneſtāt de viure entre les païſans, & vulguere, le plus humainement que faire ſe pourroit: toutesfois ou douceur, ou grace, & honeſteté, n'auroient lieu, que force dominaſt. Car il diſoet que, le cœur du païſant plus volontiers s'irrite, quand on lui applaudit. Delors leur Democratie, & le nom de ce vieil Palais, prindrent fin, ſi que d'infinis Seigneurs ne reſta qu'vn ſeul.

Quand les aſſignez de Gerhion ſe retirerent es ſtations commādees, les bourgades leur firent de grandes rebellions, pourtant que les

ruſtiq

rustiques, & villageois, trouuoient fort estranges ces inusitees garnisons, auecques lesquelles en fin moitié de gré, moitié de force, ils s'associerent, & reconnurent pour leur dominateur, & Prince souuerain : Gerhion : en l'obeissance, & amitié duquel, s'entretindrent depuis telement, qu'à plusieurs incursions, qui lui furent faites par les Seigneurs voesins, ils se monstrerent par effects memorables tels, que la bouche auoit promis: de sorte qu'en peu de temps, le Prince soumit à sa dition, & fit besser la teste à beaucoup, qui parauant fesoient voler leur renommee: laquele ceda à celle de Gerhion, en la felicité duquel il sembloit que la fortune eut iuré, tant heureusement lui succedoient toutes choses. Le Prince voiant son repos, & tranquillité, s'auisa d'amasser, & faire conuenir à Rhion, tous les Seigneurs subiuguez, pour les traicter, se confederer, & nouer aueques eus si bien, que ceus qui apres voudroient briguer contre leur ligue, eussent autant à faire, qu'eut Alexandre à resouldre le neud de Gordius. Ce qui fut executé en solennité, & ioie si ample, que le peu content, eut occasion de moins se plaindre. Entre ces Seigneurs i eut Oponcius, de longue genese, fort eloignee & profonde race, opulent & noble, qui auoit sans plus, vne fille nommee Apollonia, laquele, comme seule Pandore de tout le païs, auoit les ïeuls de Venus: les graces d'Aspasia: la beauté d'Helene: les leures de Minerue: le parler de Pallas: le sourire delaquele decouuroit vne portion de ses dents plus blanches que Nege: & vn peu dessous sa gorge delicate,

s'eleu

s'eleuoient deus petites pommes, qui repoussoiët sa robe en dehors: & entre deus se manifestoit vne sente merueilleusement delectable dont le fin bout estoit entree en vne friande petite Fosse, au millieu delaquele la folastre, & ingenieuse Venus (qui fait periurer, & souffrir maintes pauures Ames) fai son son habitation comme lon dit: laquele toutesfois ne se communique fors à ceus, qui par loiale continuation d'amour acquierent la ioissance de son heureuse faueur. Elle donques comme si la prouidence l'eut inspiree, sous la permission de son pere, vint à l'assemblee: ou la receut courtoisement le Prince, qui, aiant ses ieuls arrestez & continuels sur elle, & ne se pouuant, en mesurant d'affection grande l'ordre bien obserué de ses perfections, nulement souler: sentit

par

par son excessiue beauté, ses veines secretement embrazees, sous vn desir caché en son cœur, qui fut aussi tost nauré de la fleche d'or, que le gentil Cupido decocha de son arc, si doucement toutesfois, que la doleur du coup en fin reuint au Prince à plesir inestimable, par le seruice à couuert qu'il fit à sa dame, moiennant les nopces, qui depuis en furent celebrees: durant lesqueles tout i estoit en superfluité si vague, que liesses: plesirs: & la mesmes volupté, auoiēt abandonné tous autres lieus, pour illustrer cette copulation. Or enuiron le millieu du disner vn autre Demodocus bon musitié & lyriste, sauança toucher mignonnement cette chanson, que le Prince auoit composee en faueur de ses amours.

Mes desirs reuestus
D'vne foi obstinee

Poursuiuent de Vertus,
La deesse bien nee.

Si ie pouuois anchrer
Mes ïeuls en sa poitrine,
Et son cœur penetrer
Iusques à la racine.

Entendre ie pourrois
Ma douleur inconnue,
Si enter i pouuois
Vn greffe de ma Veüe.

O Dieus croisez au moins
En ell' Vne fenestre,
Si que par l'Vn des coins
Dans son cœur ie penetre.

Lors ie Verrai comment
Par la celeste escume,
Se brule maint amant,
Quand la fornaise fume.

Ie sçaurai les secrets
Mill' & mille pensees:
Et les Vagues regretz
Des ames offensees.

Ie Verrai ou Venus

Volontiers

Volontiers se repose,
Quand ses plesirs menus,
De prendre elle dispose.

I'entendrai les discours.
Et douces entreprises,
Qu'elle fait tous les iours
En infinies guises.

De son monde petit,
Et sa circonference.
Selon mon appetit,
I'aurai l'intelligence.

Alors ie percerai
Son sin que tant i'honore,
Elle mesmes serai,
Et quelque plus encore.

I'aurai, comme qu'il soit,
Bien ample cognoissance,
Ou pretent le sçauoit
De mon insuffisance.

I'entens, & si ne puis
Ma volonté deduire:
Si d'elle aimé ie suis,
Heureus ie me peus dire.

LEs fredons que rendoit distinctement l'air harmonieus de la harpe consentoient auecques les intelligibles passages que respiroit le canore gosier du lyrique, si proprement qu'il cōtraignit l'adsistance de remettre à l'Esperit tout le contentement que le corps vsurpoit: excepté Albanus à Torella, le plus grand de tous les Seigneurs assemblez, qui feignant d'estre surpris de quelque intrinseque maladie, se retira, meu de ie ne sçai quel insupportable dedain, que la belle Apollonia, à laquele il portoit deuote affection, lui estoit comme du gosier hauie. Or estoit le Seigneur Alban puissant en possessions, & secretes intelligences, auecques autres estrangers, ausquels il auoit souuēt prestè la main en leurs plus obstinez affaires. Mais preuoiant que la cause de son reuoltement

seroit

seroit foible, s'il la fondoit sur le rauissement oculaire d'Apollonia, sous plus apparente coleur, il suppose son indignation, de sorte que continuant ses menees, elles furent decouuertes à Opontius, par vn autre sien Zopyre, & ami visceral, mieuls eprouué que l'or sur la touche de Battus, ou Lydius. Opontius bien entendant d'ou procedoit cette legere mutination, comme celui qui n'agueres auoit oui parler de l'intime volonté d'Alban enuers sa fille: delibera, premier que d'en auertir Gerhion, suiure particulierement les confederez d'Albã, pour sentir ce qu'ils auoient au profond de leur fantasie, & leur declarer au vrai la source principale, d'ou deriuoit qu'Albã fut stimulé les inciter à haine cõtre Gerhion se persuadant de faire torner les voeles à leur entreprise, si vnefois il pou il pouuoit cauteriser leurs imprimees suasions : sinon qu'il faloit se disposer d'abbatre l'orgueil & arrogance, tant de l'Entrepreneur, que ses subsidiaires, & par le clou de vertu militaire, dont il se sentoit encores assez bien attaché, faire reboucher, & faulser la pointe du leur. Le succés qu'Opontius attendoit meilleur de ses desseins, vint au rebours: pource que volontiers quād les meilleures, & plus saines parties de la raison, sont par subornee anticipation, vnesfois corrompues, il est apres fort difficile les distraire de leurs premiers mouuemens : si que pour le plus expediant, il n'eut qu'à manifester vistement à Gerhion, les conspirations d'Alban, pour i remedier. Ce que fit alegrement le Prince, comme il sçauoet tresbien : ne trouuant rien moins pesant, que le port des armes, ausqueles depuis ſes ieunes ongles, il auoit touiours eſté bien acouſtumé. Mais il trouuoit aucunement diaſtrophe, & ſauuage, voir contre lui formaliſer celui, qui l'auoit frechement reconnu, pour à la mode des Andabates, ſans iugement & precedante offenſe, lui emouuoir ce tumulte. Or auoient les Suppos d'Alban, deia donné la foi de ſe trouuer en lieu certain, temps, & heure auecques le mot du guet, pour à l'improuiſe matter ſon ennemi. Car il auoit opinion que cellui bleſſoit grandemẽt la religiõ de ſa conſcience, qui rompoit iniuſtement l'alliance & confederation faite: mais tromper ſon ennemi, que non ſeulement il eſtoit & iuſte & honeſte, ains ioicus & l'ouable: Et Gerhiõ eſtoit aſſeuré de ſa cõpagnie, non pour vſer de ſemblable tendicule: Car il diſoit que, victoire eſt deshonete à celui, qui l'obtiẽt par fraulde: mais pour aper temẽt batailler. Et posé que les deus armees fussent en diuers lieus, toutesfois à mesmes instãt, & de nuict, elles marcherent en si iuste pas, que s'estant enuiron l'Aulbe, comme par inaduertance rencontrees, pres de Locros, voesine de Torella, mirent soudain la main à l'euure, se confronterent, & battirent longuement, sous vne hardiesse telement resoluë, que la victoire pour cette fois leur demeura incertene: combien que Gerhion auoit auparauãt conclud, de presenter la Monomachie, & combat singulier à Alban, pour epargner l'incredible effusion de sang, qui fut epandu en ce conflict: ou toutesfois le prince emporta vne plus grande partie du Panoplee, enquoi consistoit tout l'apparat de ses ennemis. Si ne se retira pourtant de sa deliberatiõ, à laquele ne voulut si tost prester l'aureille

Alban, s'excusant sur quelque plaie, qu'il auoit fraichement receüe en la sanglante melee: mais que volontiers estant mieuls, il lui presenteroit le colet, auecques promesse de tollir à Gerhion, le moien de crier, ainsi que font les enfans quand ils ont trouué es febues, le petit Mydas qui les ronge. Gerhion n'eut oncques patience d'attendre: ains, comme se sentant arrousé de fort vinaigre, poursuiuant sa pointe l'endemain bien matin fit marcher ses Legions, & homes darmes contre le camp d'Alban, qui aussi tost certioré de la venue, mit ses gés en bon ordre pour faire teste à ses aduersaires: lesquels donnerent en tele ferocité sur les Auantgardes d'Alban, qu'en peu de temps ils penetrerent iusques aus Triaires, qui ne purent longuemét soustenir si pesante charge au moien dequoi Alban voiant cette furie, & le dereglement de ses gens fut cõtrainct de gaigner ſa Torelle, iuſques aus portes delaquele, il fut viuement & de pres ſuiui par Gerhion. Ce pendant l'Armee du prince, entretenue par le vaillant Opontius, faiſoit merueilleuſe defaite des Albaniſtes, qui, apres leur ſeigneur, dõnerent æles à leurs iambes. La tormente de l'eſtourbillonneus Typhon, ne ſecouë le vaiſſeau flotant parmi les vagues marines ſi tumultueuſement, qu'eſtoient rompus, & diſſipez les Albaniſtes, par les ſoldats de Gerhion, qui toutesfois ne deuint par cette victoire, plus orguilleus, & moins oeſif, que Hannibal à Cannes. Car il fit auſſi toſt reclamer ſes gens, qui, apres auoir pris leur aleine tendirent courageuſement droict au fort d'Albã, & l'aſſiegerent. Or ce fort nommé TORELLA, comme vous auez oui, eſtoit ſitué ſus vne Rochette, entor nee de creuſes Baricaues, caduques ruïnes : anguſtes detrois, & l'accés duquel eſtoit aſſez difficile, diſtant de Rhion, enuiron de 25. ſtades. Mais tout ainſi que la vertu bleſſee reuerdit au cœur du magnanime, par la plaie reçüe : auſſi la dificulté du lieu, facilement fut ſurmõtee par les Gerhioniſtes, au cœur deſquels eſtoit engraué leur honeur, & l'accroiſſement de leur prince : la beneuolence duquel, & liberales remunerations de leurs paſſez trauaus fraichement reçües, eſtoent ſi auãt miſes deuant leurs ieuls, qu'il s'eſtimoient par aucun deuoir inſuffiſans à les reconnoiſtre : Et les autres qui le ſeruoent ſous eſperance de participer à ſemblables recompenſes, eſtoent plus auides, & animez à monſtrer par effects magnifiques, combien leur volonté eſtoit propenſe enuers leur prince. Alban de dans ſa Torelle ſe trouuant denué,

& de ſanté, par la plaie renouuelee: & de ſecours, eſtans ſes gens en partie vagabons, & en partie defais: & auſſi ſe connoiſſant preſſé à toutes reſtes par ſon ennemi, qui auoet ia mis les portes en feu: ne pouuant ſi à coup deuuider le ploton de tant enuellopees perturbations, & obliques perplexitez: ſentit ſon cœur ſaiſi d'anxieté ſi corroſiue, que la trachie du poulmon perdit la force de ſpirer: ſi que le corps d'Alban, demourant vuide ſur la terre, au meſmes iour que les Gerhioniſtes prindrent la Torelle, laiſſa ſon ame voltiger pres la riue du melancholique Acheron, ou la reçeut Charon le craſſeus, puis le tribut paié, la deliura à Æacus, pour l'enregiſtrer, & meler entre les autres Ombres, qui attendoent en horrible crainte, l'ordonnance & iugement de Minos epouuétable. Cette honteuse fin montroet aucunemẽt l'ire des dieus, enuers Alban, tant pour la foi, sans cause violee (chose qu'ils ont en horreur indicible) que pour l'iniuste occasion prise contre son prince : qui toutesfois le voiant tre passé, ne se pût oncques retenir de le plaindre. Si commanda que ses gens cessassent la pillade, & de plus persecuter les habitans du lieu, deia siens par la victoire : puis que le corps d'Alban fut, à la coustume du païs inhumé au sepulchre de ses Maieurs, qui estoit dans le Temple consacré à Diespiter. Mais Gerhion se departit aussi tost de la torelle, ou il lessa pour toparche Opontius, & de la se diligente suiure les estrãgers, premier qu'ils fussent rëunis : entendant qu'il seroet plus aisé les rõpre separez, q̃ ioincts tous ensemble. Mais ainsi que la camuse Brerbis, delessee de toute garde, pouquelque beelement, & subterfuge qu'elle face, ne peut ſeule euiter la rapacité du Loup prochain, en la puiſſance duquel tombee, elle endure toute cruaulté: auſſi les alliez d'Alban, conſiderans d'vn couſté leur entrepriſe vaine, ſous appetit d'inique vengence: puis la mort ſuruenue de leur duc & conducteur n'attendoient rien moins de Gerhion, qu'ils eſtimoient en guerre vn autre Buſyris. Au moien dequoi pour euiter à tout accident, & tollir au prince l'eſmorche d'exercer contr'eus aucune tyrannie, ils auancerent leur departement: duquel le prince certioré, apres auoir donné congé à ſa gendarmerie, dreſſa ſon chemin vers Rhion, ou il trouua la belle Apollonia, qui le recullit en extreme ioie. Le prince s'eſtant auecques elle repatrié par quelques iours, & voiant que le temps pour eſtre clair, & ioieus, l'inuitoit à ſe

 recreer,

recreer, il s'en alla promener par les bois, enuiron le millieu desquels, il trouua les reliques de quelque vieil Delubre, demoli, & presques rasé, dans lequel, comme il verifia, souloet estre adoré le Symulachre de Syluia: le vas, ou vrne delaquele, estant de pierre de taille en forme d'auge, ou estoet la cendre de son corps enclose, se voit mesmes auiourdui de lieu en autre transportee, sous laquele est engraué: *Syluiæ Vrna*. Ie dõnerois volontiers louenge à ceus qui la reseruent curieusement: pource que si honeste affection, merite bien d'estre estimee: mais en les louant, ie pourrois parauanture blesser d'ignauié les nostres, qui ont lessé, dont i'ai grand regret, perdre chose, laquele, pour foi plus asseuree de nostre histoire, pourroit, oultre ce que nous en auons, maintenant seruir de bouclier inexpugnable contre les Ca-

S. Beniné & S. Seruais.

uillateurs. Mais Gerhiõ eut volonté de restituer c'est edifice à l'honeur de Pallas, pour lui estre perpetuel Trophee, en recordation des gratieuses faueurs q̃ la Deesse lui auoit faites, en ses negoces plus desperez. Et disoit qu'il ne seroit bien seant à lui, d'estre ingrat enuers les Immortels, ores qu'il auoit paisible fruition de ce, à quoi il n'eut peu paruenir sans leur secours : ioinct que les felicitez des Dieus, sont le plus souuent æterneles. Or apres qu'il eut baillé le pris fait aus ouuriers les plus experimentez de toute la prouince, sans retardement ils s'emploierẽt à la besoigne, dont l'etoffe surmontoit la matiere , & paine. Ce pendant que le Temple s'eleuoit, la princesse acoucha d'vn beau fils, qui fut nommé Apollonius. I'estime que les Sybarites : Milesiẽs : ou autres de natiõ plus voluptueuse, non seulemẽt en la diuersité des viandes, pluralitez de vins exquis: mais aussi en sollennité de ieus, peanismes, largesses, & spectacles, n'eussent lors prise vne Mesple pourrie leurs bacchanales dissolutiõs, pour estre cõferees, & paragonnees, aus despences, que fit Gerhion, plustot fanatique, que ioieus de la naissance de son fils: telement que la touiours bien remplie table du Soleil, & l'imagination des plus abandonnez à conuoiter varieté de choses, ou pour la refluence du sollennel festin, ou pour fournir au Paganalisme, & ressazier l'infinie, & promiscüe multitude du peuple, eussent plié sous le tenasme, & desir insatiable du prince: qui fit cette brauade pour mieuls diuulguer ses sõptuositez & excellences, & en partie à fin de rendre plus estonnez les principauls de ceus, qui en orroiẽt parler. A' cette cause de toutes les prouinces circonuoesines les Indytes furent appellez à ce triomphe, qui dura huict iours entiers, tant de la part du prince, que d'Apollonia: en la celebration duquel, les singularitez excedoient sans comparaison l'orguilleus conuiue du roi Assuerus, & Vasthi. Dõques Apollonia pendant cette sollennité sceut tresbien monstrer ausplus renommees Princesses, & damoiselles (qu'elle auoit conuoqué) son Eutrapelie, courtoesies, & le lieu d'ou ell'estoit descendue, ne voulant en rien degenerer au diuin Tyanee Apollonius, son bisaieul paternel. Or i auoit pres du Palais vn Parterre oriental, que l'industrie des homes à l'imitation de nature auoit telement rendu venuste, que comme l'Aimand le Fer, aussi auoit il puissance de gratieusement substraire l'Ame du plus melancholique, pour conuertir toutes ses doleurs en soudaine & longue ioie. La fragrance des herbes dont

Pré au Roi.

il estoit diuersement tapissé, se communiquoit aus sens en tele suauité qu'il leur s'embloit estre deifiez, & cóme reünis à la perfection de leur premiore source. A' lentour de ce grand Parterre, le prince auoit commandé dresser les amples pauillons & spatieus Conopees, Peripetasmes, ou cortines de coleurs diferantes enuiron de 400. en nombre, soustenus de piliers d'hebene, & colõnes de Bresil, liees à cercles de geneure, & au bout de chacune s'apparoissoent grosses Pommes d'or massiues, les vnes en forme de lis, les autres comme roses epanies: les autres ainsi que pauot fleuri, & les aucunes en façon de grenades, & citrons. Et au cone, ou coupet de chacune des tentes, obeissoent à l'alaine des frais & delicas Etesies plusieurs girouetes, sur la plate lame desqueles, taillees en escusson, estoient richement depintes les armoeries & de l'vn, & de l'autre. Et au dedans le paué, tirant partie sur l'Emeraulde, & partie sur l'ambre, portoit plusieurs chalis, les vns de cyprés & les autres de romarin, ou myrthe, garnis & estendus à leur mode, & frisez ingenieusement de figures incomparables. Les odeurs que respiroient tant de bois odoriferes, se corrigeoient mutuelement en tele faueur & naturele & nõ fardee, que la pretieuse composition que le gẽtil Amaracus, par sa cheute respandit, eut pour l'heure deferé à la moindre. Les coupes ou beuoiẽt les inuitez, estoient de frene, de mastic, ou de creus de noix d'Indie, enrichies d'vn petit filet d'or: & les plats, & autres vases ou se portoiẽt les viandes exquisement diuersifiees, estoient de Cuiure tous emaillez, & telement reuestus de portrais antiques qu'ils sembloiẽt estre la mesmes Entelechie, c'est à dire, d'euure perfaite, & abſoluë. Que dirai ie des ieus Iſthmeiques, dances, iouſtes, & autres leurs recreatiues exercitations? Tout i eſtoit en ſi cõfuſe liberté, que de cette redondance, non moins extraordinere, que ſuperflue, s'enſuiuit que les Gazes, ou theſaurs de Gerbion, amaſſez de longue main, furent dependus & preſques ainſi conſommez, que depuis ceus de Seuerus, par Antonin ſon fils.

Apres que toute la Troupe ſe fut retiree, chacun parloet de ce feſtin ſollennel, les vns en bien, & admiration: les autres reprouuoent cette exceſſiue depence, & les autres nageoent entre deus eaus: Ainſi que volontiers en traitemens publiques, il eſt touiours difficile renger à vn gouſt grande diuerſité de palais. Mais toutesfois en ce Roial Sympoſe, il aduint ce que peu ſouuent on voit: Car l'ordre i fut par les prudens economes, & ministres en toutes choſes telement obſerué, que le plus diſgratié d'entre tant, n'eut oncques dequoi preſter à ſa langue, pour ſe rẽdre meſcontant. Or les opinions ainſi diferantes procedoent ſeulemẽt d'aucuns des apparens, qui enuieus de la ſubite fortune, & improuiſe felicité du Prince, l'euſſent denigree, ſi autre moien leur eut eſté. Auſurplus ainſi que communemẽt apres le beautemps ſuruient la pluie: auſſi à tant de ioies, ſuccederent pluſieurs doleurs. Le Roi de Genabon certioré du treſpas d'Alban, amaſſa promptement toute ſa puiſſance, non tant pour obſter à lentree de Gerhion en ſes terres, comme le bruit couroit, que pour venger la mort de ſon neueu, qu'il eſtimoit viuant, vn autre ſoimeſmes. Et à dire vrai les paſſees experiẽces d'eus, rendoient Genabòn fort obſtiné en cette ſoi, laquele auecques l'imprimée memoire de ſon neueu, prenoit touiours en ſon cœur plus grandes racines, & accroiſſement contre Gerhion, qui par Opontius lors faiſant reparer des ſienes plus fortes, vne ville frontiere à Genabon, fut inſtamment ſollicité de conuoquer toutes ſes bandes, & les faire tenir preſtes. Si le Prince Gerhion en toutes ſes precedentes expeditions n'â û les mains gourdes, pour ſe defendre des impreſſions inimiques, ie vous oſerai fermement aſſeurer, que l'echüe neceſité d'argent fugiti, lui fit faire maintes diligences, & inexplicables inuentions pour en recoüurer, bien que pédant toutes ces practiques, pluſieurs auertiſſemens par aucuns de ſes premiers nobles, lui fuſſent donnez, & autres inſtructions, qui reprimoient ſa legere profuſion

passée, & disoent qu'il n'i â ners si
synceres & loiauls, pour à coup sub
uenir à tous affaires emergens, que
l'epargne de son propre reuenu,
de lógue main faite, à laquele tout
Prince bien consideré, doit curieu
sement veiller, tant pour le solage-
ment de ses Tributeres, que le secours lui en est d'autát plus prõpt,
& la difficulté à tous, bien que puissans ses ennemis, plus aigre, d'en-
uaïr celui, qui est, comme lon dit,
saisi du glaiue à deus testes, c'est à
dire: Et de conseil: & de force.

Quand le prince de Rhion eut
discouru, & bien ruminé le sage
conseil de ses amis, il fit diligence
de secretemét vnir toutes ses com-
pagnies, & recouurer finance en si
peu de temps, qu'il vainquit l'opinion de tous. Les ieuls de l'Epidau
re ne furent onques si agus, com-
m'il estoit en ses affaires. Le grand

plesir du trauail le fesoit ainsi prōpt & le goust de ses passees fortunes, preparoit aus autres plus doucement son appetit. Rien ne lui estoit impossible, tant il auoit la gloire de ses Vertus pour bien recommendee: & l'affection de son païs nouuelement conquesté, le stimuloit à prendre le frein aus dents : à rompre tous empéchemens delicas : à renuerser & metre telemēt le dessous sus qu'en fin tous ses Esprits conspirerent à vne eternité. Aussi disoit il souuent: que l'oëil de celui, qui veut estre dit home, doit principalement & touiours viser à ce but. Et lui sembloit la mort, enuers ceus, qui par hautes euures tendoient à perpetuer leur memoire, trop soudaine & hastiue : pour ce qu'elle empechoit la fin de leurs commencemens. Et quant aus autres qui adonnez à voluptez, viuoient à la iournee ils finissoient à toutes minutes de temps, les causes de leur viure: Et pourtant il disoit que chacun se deuoit euertuer l'occasion i estant, faire de sorte, que la mort trouue apres le deces bien peu, qu'elle puisse effacer, & abolir. Gerhion donques estant en ferme resolution de perdre ses ennemis, aiāt en soi recullí toutes ses pensees, & ne preuoiant aucunemēt ce, àquoi nous â tous obligez le premier home: voici à l'improuise les fatales destinees qui telemēt confondirent leur fusee, & la dispo sition des elemens, que Gerhion en la 4. Olimpiade: c'est à dire l'an xx. de son regne, fut contraint abandonner ce monde, & laisser à son vnique successeur la suitte de son prochas. Et certes chose qu'on pense le moins, aduient plus volontiers. Or le ieune Apollonius l'acrimonie & viue dexterité duquel commençoit donner racine à sa memoire, en l'age de xviij ans certioré de ce trespas, estant auec Opontius son aieul maternel pour estre instruit en l'art militaire, se met aussi tost en equipage, & vole auecques son train iusques au cãp ou il trouua, sous vn riche pauillon son pere decedé. Ses ieuls alors repãdirẽt force larmes, l'estomach iecta infinité de souspirs : la langue fait ses doleances : & quoi non ? il s'approche du corps, & l'aiant adoré, lui baise franchemẽt & bouche & mains. Car ceus de cette nation disoient, que les fils viuãt, mal volontiers baise le peremort, si le sang est menteur. Et s'il aduenoit, ils tiroient de là certain argument que le fils estoit supposé & inhabile à succeder : ioingt qu'ils affermoient que comme les enfans legitimes font prosperer : aussi q̃ les bastars renuersent & dissipẽt les republiques. Mais cela fait les xij. ſages du païs proſternez preſenterét deuotement à Apollonius le diademe paternel, lequel apres auoir receu ſelon leurs ceremonies : il ſe fit reconnoiſtre par les douze ſeulement, qui auoient, ſelon leurs plebiſcites, authorité & plaine puiſſance d'elire, ou confirmer pour le Prince du païs, celui qu'ils iugeoient idoine & capable, de ſorte que ce qui eſtoit arreſté vnefois par eus, eſtoit apres ſans controuerſe & irreuocable. Quand Apollonius auecques les douze ſages, eut telemét diſpoſé de ſon armee qu'il n'i auoit dequoi beaucoup craindre ſes ennemis, il commanda le tombeau de ſon pere. Parquoi le corps, apres auoir eſté laué, fut tantoſt eſtendu dans vne couche de canelle creuſe, & ſoulpoudree par dedans de clos de girofle pilez mais l'estomach & autres parties visibles de Gerhion furent couuertes d'herbes aromatiques, moitié seches, & moitié non: le tout enleué sur quattre pilastres, l'vn de Laurier, l'autre de Rosmarin, le tiers de Boüy, & le quart de Franboisier. chacũ desquels, oultre plusieurs figures à leur mode richement engrauees à l'entour, portoit son escusson chargé des armoiries du defunct. Et au millieu de la sponde des pieds, i auoit vne tablette en rond perfait, contenant ce qui ensuit:

De Rhion Fortun' a chassé,
Le naturel Prince de Grece:
Son corps en bois est enchassé,
Mais non l'honeur de sa proësse.

SVr ces entrefaites les tristes nouuelles vindrẽt à Apollonia estãt pour lors à Rhiõ. Sera il necessaire que ie descriue les pleurs, les regrets, les plaintes & exclamations de si desolee Princesse? non à ceus qui aiment heroïquemét: pour ce que l'esprit de tels, conçoit & retire beaucoup mieuls en son imagination, ce que nulle tant bien escriuante plume ne pourroit suffisamment exprimer: & le deduire aus autres qui aimét fusquement, & entre chair & cuir, seroit perdre sa peine. Seulement ie supplie ceus qui se peuuent rendre participans de ceste idee, qu'ils feignét en eus, non Dido, nõ Penelopé, non finalement Psiché: mais personne en la fornaise de toutes passions la plus embrasee. Or le vulguere voiant le corps de Gerhion s'approcher de la ville, receut son prince auecques exclamations pitoiables, & si haultes que le son en vint iusques aus aureilles d'Apollonia, cause que ses angoisses redoublerent. Que si

Apollonius, & les sages, n'eussent à coup par vrgentes consolations, & viues remonstrances, refroidi la vehemence de son feu, l'esperance de sa vie estoit deploree. Voiez, ie vous supplie, la saincte puissance damitié cõiugale. O heureuse affection, quand ell'est reciproque en bien. La biere ou gisoit le corps fut colloquee au tẽple, que Gerhion viuant, auoit restauré: ou il reposa huit iours, pendant lesquels toute la ville de quelque sorte que fussent les habitans, mena grand dueil, & fit findre vng image ou effigie en facon de malade fort palle, & semblable au decedé, & apres la biere en estant couuerte, fut trasportee à l'entree du Palais dessus vng lit d'iuoire hault eleué sous paremens tresriches. Au cousté gauche du lict demouroiẽt la plus grande partie du iour assis, les apparens de la ville reuestus funebrement: &

du cousté droit estoient les matrones & femmes de reputation, simplement ornees: la contenãce desqueles, plaine de tristesse, n'auoit aucune espece de ioie. Là, tous les iours venoient les medecins: visitoient le defunt, puis sa mort par eus prononcee, aussi tost les gentils homes á cest office, expressement deputez & choisis, chargerent ce lict sur leurs epaules, passerent par les rues plus frequẽtees, & venus iusques à la publique & grãde place, au millieu de laquele estoit dressé vng echaffaut assez ample, ils assirent pour quelque temps le lict sur quatre troteaus cachez de velours noir. Là se presenterent certain nombre d'enfans nobles, qui prindrent le cousté droit: & autant de tresbelles & ieunes damoiselles qui le cousté gauche: tous lesquels comme faisans vn chœur, peaniserent & chanterẽt plusieurs odes lugubres en musique fort harmonieuse, à l'honeur du trespassé. Cela fait suruindrét huict nobles, qui s'estans premierement bien bas prosternez, enleuerét la biere, & la transporterent hors la ville en vne prairie rõde, large & fort spatieuse, au millieu de laquelle i auoit vn pulpitre hault, carré, & de toutes pars euidét, qui estoit fabriqué en forme de tabernacle, & dedans estoit la chapelle ardente, sous laquelle les nobles laisserent la biere. Cette chapelle estoit portee par quatre piliers, chacun desquels auoit son epitaphe:

Le premier,

Dans vn vase de pierre noire,
La cendre gist de Gerbion:
Qui le Premier Roi de Rbion,
Par vertu fut, à sa grand gloire.

Le second.

Du plus vaillant ci gist la cendre
Qui onques fut en l'Vniuers,

Iamais

Iamais son nom fin ne doit prendre,
Comme le corps suiet à vers.

Le tiers.

Celui que fortune n'auoit
Par effors pû abbatre:
Renuersé par la mort se voit
Dans ce vaisseau d'albastre.

Le quart.

Chacun entent asses le nom
Du prince Grec reduit en pouldre.
La mort à pû son corps dissouldre,
Mais immortel est son renom.

OR le dessous de la table qui soustenoit la biere estoit plain de petis eclas de bois odorans, & autres en fasson d'allumettes seches. Et n'i eut si petit en la ville qui ne porta parfuns, odeurs, espices, herbes redolentes, liqueurs aromatiques en diuersité grande & le tout se ietoit indiferamment sous la chapelle. Somme chacun s'euertuoit de rendre honneur à ces funerailles: chantant plusieurs hymnes

hymnes par mesure, selon leurs antistrophes & mouuemẽs, ainsi que la coustume & loi du païs commãdoit. En fin six eleus des plus nobles auecques flambeaus, mirent le feu parmi ces odeurs seches, si que le tout fut en peu de temps embrasé, & reduit en cendre, & vit on de ce grand feu issir vng oiseau voulant au ciel, que toute la compaignie disoit estre l'ame de Gerhion, que les Dieus reseroient au nombre d'eus.

I'ai lessé quelque reste de nostre traduction pour estre commencement du second liure, ou ie spere vous faire voir plusieurs depressiõs auancemens, & ieus successis de l'inconstante fortune, laquelle semble n'estre encores bien saoule de molester nostre Rhion, veu les tragedies qu'elle excite nous pile, & pinse coup à coup dans les mor-

tiers

tiers de nos voeſins, encores que chacun d'eus aie ſon os à ronger. Si ces ambitieuſes controuerſes paſſent plus oultre, quelle douce patience doit attendre noſtre oppreſſee prouince, & non plutoſt ſa ruïne, & deſolation: le repos gratieus de tous les bõs eſt empeché: la malice des mauuais s'empire: la publique tranquillite eſt miſerablement ſubuertie: la paix du commun foulee, & eſtincte: le pauure ne ſcait ou il en eſt. Mais nous reſeruons l'ample diſcours de cette matiere à ſon lieu, ſi nos occupations, & la vie le permetent.

FIN.

De le pourſuiure i'ai deſir.
Si i'ai le temps, & le loeſir.

1559.

A M. D. CH. F. P.

M. Nostre Rhion fait hausser les sourcils à, plusieurs : & delier la langue à beaucoup. Faudra-il pourtant cesser de poursuiure Athanasie ? la Vertu blessee, reuerdit, & la Palme resiste au fais. Mydas, & Apulee en rient auecques leurs aureilles, Or quant à la suite, à laquele Vous me prouoquez c'est m'en gluer du gras ploton, dont Theseus empasta la gueule du Minotaure. Si est-ce que ie suiurai le fil de mon entreprise, & ne manquerai au deuoir, m'asseurant de Vostre affection. Cependant ie Vous enuoie nostre Musette pour Vous seruir de courtisane. Son chât est delie, ses passages, & fredons non impetueus, & d'air conuenant au Vostre. Son harmonie n'est en rien enuelloppee, ne confuse : possible qu'elle sera molle, & non si refaite mais assez plene de moële, & ius poëtique, consideré le suiet. S'il plesoit à la sereine Veüe de Vos modestes ieuls semer ses trais aggreables parmi les seillons de son infertile sole, elle en deuiendra plus feconde & moins inutile. Ie Vous desire en heureuse Vie, santé treslongue. A Lion. 1559.

EPIGRAMME AVS L'ECTEVRS.

*

Ou est ſous le Soleil,
L'home, qui de bon oeil,
Ma muſe receura?
Et qui lui donnera
Le baiſer ſeulement,
D'vn pur contentement?
Ou qui en nulle ſorte,
Ne lui clorra ſa porte,
Mais d'eſprit volontere,
S'emploiera lui faire,
Tout ce qu'on peut le mieuls?
Pourroit on ſous les Cieuls,
Trouuer home mortel,
Qui enuers elle, tel,
Fit ſon experience?
Non, ſur ma conſcience.
Parquoi ma Muſe nue,
Soudain s'en eſt venue,
Plaine de triſt' emoi,

S'indigner contre moi.
D'ou vient cela? ie penſe,
Pource qu'en recompenſe,
De tant de biens perfaits,
Qu'elle nous auoit faicts:
Sans ſeure & bonne adreſſe
L'auois miſe en la preſſe
Des barbares humains,
Et leurs indoctes mains.
Elle donc courroucee,
Deſtr' ainſi repoulſee,
Iette ſes ieuls ſur nous,
Puis deſſus mes genouls,
Comme laſſee, baiſſe
Sa teſte, qu'elle laiſſe
Repoſer doucement.
Et apres hautement
Elle dit en ſuſtance,
Ou es tu donc ſcience,
Las Science ou es tu?
Ie ne ſçai. Mais vertu,
D'aucuns par la malice,
Changee s'eſt en vice?

SYMPOSE, ODES, ET EPIGRAMMES DE L'AVTHEVR.

Sympose, ou festin.

QVAND le printemps estoit en son berceau,
L'hyuer dormoit sous vn triste tombeau.
Des Lyciens les Villageois agrestes,
Recitoient lors, leurs bouches entr'ouuertes.
En eau bourbeuse, & puant marescage,
Indoctes vers, & rudes en langage.
La ieune gent entierement contraire,
Non à Venus, mais à son adultere,
Qui obeit de Vulcan au Priuigne,
Et qui sa Coste & embrasse & confine,
Entre ses bras, en vn champ se transporte,
Que l'herbe vestit en variable sorte,
De tous costez brauement coronné,
Et d'vn poil fin mollement entourné:
Là : cette gent & fort ioieuse bende,
Porte auec soi tout ce que leur commande
Celle, qui est à Vertu aduersaire.

Sur tout le fils, dont Semelé fut mere.
Vn arbre grand aux doigts longs i avoit,
Le cöl duquel iusqu'au ciel se levoit,
Et à son tour pendoit vne riche ombre,
Qui ce beau lieu tenoit et frais, & sombre.
Et qui touiours pour tel ombrage rendre,
Contre celui les sçavoit bien defendre,
Du coup duquel ne se pût onc defaire
Leucothoé, la fille au Roi cholere.
Ils estoient la pres d'eux voir occupez
Ceux, qui les pieds auoient comme couppez,
Et qui leurs bras nullement ne mouuoient,
Qui leurs maisons propres aussi beuuoient,
Et qui premiere en bas ruoient la teste,
De leur palais nageans dessus le feste,
Lequel n'estoit de poudre edifié,
Ne sur cheurons, n'aucun bois apuié.
Mais en ce cham, Cybele mere aux dieux,
Deça, dela, verdoiante en tous lieux,
Par tout d'Aiax le sang rouge epandoit.
Et le fils à Liriopé rendoit
Parmi les corps gisans en cette place,
Fragrante odeur en delectable grace.
Nulle Aglauros, ou dires propetides,
Ne sont point la, ne matieres humides.
Soit cette la dont les hommes au monde
Furent premiers, ou bien soit la seconde:
Mais cette place est tapissée, & plaine,
De fleurs de Mars, de rose, & mariolaine.

Et qui plus est, aucunes gens volans,
Sont en ce lieu leurs chants entremelans,
Dont les accords, gratieus à merveilles,
De tous humains saisissent les aureilles.
Or de ce iour l'Une & l'autre balance,
Sur le midi pendoit sans difference,
Si iustement, que du pois la languette,
Se contenoit en son millieu bien droite:
Quand par le champ cette bande estendue
En divers lieus, s'est ensemble rendue
Pour le repos, & donner doucement
A leur souper quelque commencement.
Là tout soudain les forcbues fillettes,
Pres d'eus se sont assises sur herbetes,
Se gaudisans de grande ioie esprises,
Se voir parmi ces ieunes gens assises,
Entre leurs ieus, & plaisantes liesses,
Et qu'avec eus leurs rondelettes fesses,
Dessus le grain souvent elles roloient.
Ainsi rians les deus portes branloient,
Par ou passoit le vivre savoureus.
Et à couvert iettoient les amoureus,
Elles aussi leurs chandeles ardentes,
Pour rendre moins leurs amours evidentes.
Declarez donc, O Muses, à cette heure,
Du grand festin l'affluence, & luxure.
Et si enflez noz bouches de beaus vers,
Nerveus, & plains d'epithetes divers,
Ce temps pendant que sa lymphe infernale,

La Seche eſtend ſur ma plume noir ales,
Qui de vomir, & volontiers deduire.
Deſſus le blanc noire coleur deſire.
    De Semelé la treſpuiſſante race,
Lors i eſtoit en ſa doree face,
Qui demonſtrant ſur ſes pieds tous ce iour.
S'apparoiſſoit par vne claire tour,
Dont la hauteur ne paſſe vne couldee:
La belle mere à Pluto s'eſt trouuee
A ce banquet: qui pour eſtre ſortie
Fraiche du four, de cette compagnie
Les blanches dents ſi treſbien allecha,
Qu'à la manger chacun d'eux s'empecha.
Pythagorien fut en ce lieu porté,
Qui quattre fois eſtoit reſſuſcité,
Et derechef au feu qu'on voioit luire,
Fumoit ſa chair que lon faiſoit recuire.
Puis qu'il ne pût par ſes plumes courir
Si bien qu'il ſceut ecbaper de mourir.
De poil folet les enfans des canards
N'eſtoient encor couuers de toutes parts.
Lors qu'auec eux le cuiſinier ſeuere
Prit les petis, deſquels eſt l'oiſeau pere
Qui porte creſte: & apres il ſe rue
Deſſus Io, deia plaine, & cornue:
Saiſit auſſi (cas merueilleux) le fruict
De celle, qui (ainſi comm'eſt le bruit)
En vie eſtant, ne couroit pas ſi fort.
Comm'elle fit ſans teſte apres ſa mort.

Qui

Que dirons nous des filles à Dircé?
Et comment fut Alcidamas blessé?
Dirai ie rien des Poides qui sont ceus?
Qui des leuraus tendres, & savoureus
Lesquels suer: celui qui fit du pis,
Iadis par force à la belle Asopis,
Faisoit si fort, que son aspre chaleur,
Rendoit leur corps de pourpre à la couleur.
A ce banquet comparut au surplus
Le ieune enfant iadis nommé Talus.
Aussi quelcun triste ses ieuls torchoit,
Emeu de peur, qui son cœur fort touchoit,
Qu'on lui ravit d'Argus la belle Veüe,
Qu'il trainoit lors en sa superbe queüe.
Si n'eschappa. Car soudain il fut pris,
Et fait suiect au mari de Cypris.
Si qu'à son corps, de la flamme estant proche,
Porter on fit de fer vne grand broche.
Alors voloit par l'air vne fumee
Epesse fort, & bien decoloree,
Qui penetra aus cieus legerement,
Et par l'odeur (dont fut suffisamment
Rempli le neZ du puissant Iupiter)
Desir le prit d'avoir, & souhaiter
Le col de Grue, ou le nés de Catulle,
Tel qui escrit au souper de Fabulle,
Quand de courir les leuraus tressassez:
Par les cloisons blanches furent lassez,
Tous les garsons & filles se leuerent.

Et les deus murs de leur langue fermerent.
Apres chacun cerche à prendre plaisir
Comme leur vient le vouloir & desir:
L'vn solicite à voix confuse, & plaine,
L'aigre Scylla, qui abbaie de l'eine,
Pour s'en aller par les bois bien munis,
Prendre s'il peut le sanglier d'Adonis:
Ou bien la fille à Lycaon, ou (si
Delia veut) le ieune amant aussi
D'Atalanta: l'autre, qui plain se sent
Du dieu Bacchus, tous les sens rauissant,
Et qui bouillant en la flamme legere
De Cil, qui fut d'Ascanius au pere
Frere iadis, veut, contre ses flambeaus,
Ce que lui font les deus freres gemeaus
Lors desirer, & le dieu des iardins.
Puis l'autre ainsi: & les autres scudins
Sont à vouloir ce qui leur plait: bref la iournee
Fut de chacun à tels deduis donnee,
Iusques à tant que Diane monta
Dessus son char: & que la nuict vesta
L'vniversel du monde, & de la terre,
D'vn noir charbon, ou d'vne noire pierre

Epigrammes.

Comment c'est effronté Zoile,
Et impudent cauillateur,
Tache à souiller, & rendre vile
Ma renommee, & mon honeur?

Au Polypode variable
Il est & conforme, & pareil,
Mais mon bonheur incommuable,
Ne changera pour le Soleil

Au nil la grenouille d'Egypte,
S'arme d'vn oblique roseau,
L'aiant en sa bouche petite,
Quand elle void Hydrus en l'eau.

Le petit fleuue bat & mine,
Souuent le fort & braue pont,
Et la parole aussi benigne,
Des plus superbes le coeur rompt.

Mydas auoit grandes aureilles.
Et bien peu parloit Harpocras,
Que Lucian les eut pareilles
Lui Asne estant, sçauez vous pas?

De ce Corbeau rit Democrite,
D'vn rire pur Sardonien:
Et de le plorer, Heraclite
Ne se peut defendre assez bien.

La palme, au fais qu'elle supporte,
Resiste, & en rien n'obeist:
Et la Vertu constante, & forte,
Plus blessee est, plus reuerdist.

Qui veut iouir d'Athanasie,
Et les diuins lieux occuper,
Il lui faut des grecs l'Amnestie,
Et d'ame & de cœur vsurper.

Le cercle de mes ieuls,
N'est assez spatieus,
Pour contempler la grace,
De sa diuine face.

Ses ieuls clairs, & subtils,
Font les miens inutils:
Et sa vermeille bouche,
De pres au cœur me touche.

Ses leures par dehors
Ont deus Rubis aus bors,
Contenans, en espace,
Bien fort petite place.

L'amant mortifié,
Sera deifié,
Et en immortel aise,
Si ces Rubis il baise.

Ses autres portions,
Croissent mes passions:
O que c'est peine grande,
N'auoir ce qu'on demande!

Il faut son pensement
Deduire à bouche ouuerte.
Ou bien c'est autrement
Doulce poesie couuerte.

Ie ne suis pas si lourd,
Qu'ils pensent à la mode,
Au present temps qui court,
Ma plume s'accommode:

S'ils purgeoint mieulx leur nez,
Plain de liqueur moisie,
Moins seroint effrenez,
Contre ma poësie.

Nul Mimeus onc ne plut
A Roscius le braue,
A Hercules d'eplut,
Tout lutteur sur la graue.

De plumes à besoin
L'Aigle, pour son vsage,
Des siennes à le soin
L'hirondele volage.

S'ils veulent persister
En leur leger mesdire,
Pour i bien resister,
Qu'ils voient Anticyre.

La petite formis,
A natiue cholere,
Car ils sont mes amis,
La mienne se modere.

O Amour que d'abus!
Le malheureus Albus
Fut moqué de Glycere:
Ie n'en ai gueres moins
De celle, qu'en tous poins,
Ie tiens en mon cœur chaire.

Les dieus, pour leur plesir,
Font ils à mon desir
Si forte resistance?
Ce mal ie receurai
Pour bien, & porterai
Ma paine en patience.

Car Il ne faut moquer
Les dieus ne prouoquer
Leur hautesse diuine:
Icarus sçait tresbien,
Qu'il n'i profita rien,
Tesmoin est sa ruine.

Quoi donc? pourtant faut il
Que L'amour, inutil
En mon ame demeure?
Et que ma passion,

En sa condition,
Ne deuienne meilleure?

Si les immortels dieus,
Ne sont tant odieus,
Qu'ils ne quitent l'offense:
Le mal que i'ai commis,
Pourquoi n'est il remis,
Selon ma penitence?

Le parler gratieus,
Langue n'ecorche:
Et le facetieus,
d'amour approche.

I'ai de venger moien,
Son grand outrage:
Mais autre que le sien
Est mon courage.

Pourtant i'excuserai
Son insolence,
Et en tout ie prendrai,
Ferme constance.

Nul ne doit s'eiouir,
S'il oit mesdire:
Qui veut le bien ouir,
Doit le bien dire.

Qu'est

Qu'est ce que Volupté,
Sinon flamme allumee,
D'vn plaisir auorté,
Plus leger que fumee?

Le corps mortel n'est rien,
Car il est terrien,
Le diuin esperit.
Ne meurt, & ne perit.

Ie veux donques semer
En chose perdurable,
Le grain d'vn ferme aimer,
Pour rendre fruict louable.

Du corps le vain plesir.
Tost passe, & le desir,
Suiect à passion,
Ceule, & sa fiction.

Mais l'esperit qui est.
D'essence incorruptible,
Se reiouit, & paist,
En l'amour inuisible.

La vertu i'aimerai
De ses graces ornee,
Et la chance prendrai
D'elle, bien fortunee.

Son

Son amour si decent,
De ioie mon cœur serre,
Comme l'eau qui descend,
Dessus la seche terre.

Iocus frere propre, & germain
De Cupido, trop inhumain,
Et leur mere Palepaphie:
Ne cessent mon cœur suborner,
A mes amours de retorner,
Bien que soit morte mon enuie.

L'oeil d'elle mignon, & ioli,
Et son tein frais, net & poli,
Mieuls que le marbre, ou le Porphyre
Son aggreable cruaulté,
Mais plus sa diuine beaulté,
Brule mon ame, & la martyre.

Ie ne puis, & encor ie veuls,
L'excellence de tout son mieuls
Louer, du bien en recompense:
Mais quoi? Ie sens tous mes esprits,
Estre par les siens tant espris,
Que i'oblie ce que i'en pense.

Ce pygmeen pusille,
Et deforme Embrion,
Plus inutil qu'Atille
Ne vault pas vn Ciron.

Quand

Quand Iupiter en cendre,
Deuroit le Monde rendre,
Et remettre en sa forme,
Le noir Chaos deforme:
Quand ie verrois dissouldre,
Par la tempeste, ou fouldre,
Et derechef meler,
Le feu, l'eau, terre & l'air,
Pour les reduire en masse,
Comme iadis sans face.
Ie ne lairrai pourtant,
D'estre en amour constant.
Lamitie variable,
Ne m'est point aggreable,
Et i'ai en déplaisir,
Le muable desir.
L'amour qui est bien pris,
Ie n'ai point en mespris:
Le cœur ou il scait viure,
Ie me delecte à suiure,
Et volontiers m'i lie:
A l'amour qui varie,
Ie ne veuls m'empecher,
Car ce seroit pecher.

On faict beaucoup de vers,
Mais tous en sens diuers:
C'est faire quelque chose,
De s'exprimer sans glose

Et puis sommes nous morts?
La Mer à plusieurs ports.
Mais folie surmonte
L'hôme, qui est sans honte.
Qui veult d'autrui parler,
Et ses faits reueler,
Il faut qu'il soit sans vice,
A fin que bien le puisse.

Dedans mon lict estant couché
Droit au millieu, las, & faché,
Ma teste pesante en desir
Se laisser à sommeil saisir,
Incontinent que mes Esprits,
Furent ainsi par lui surpris:
Ie vis Hebé, qui en dormant,
S'aparut à moi doucement,
Mais toutesfois triste, & marrie,
Pour me voir en melancholie
Ie croirois bien que sa pitié,
Procedoit de nostre amitié.
Ainsi estant il me sembloit,
Que sa grand beauté redoubloit,
Et que ses graces non petites,
Effaçoient mes passez merites.
Et ce qui plus mon cœur blessoit,
Mains passetemps elle dressoit,
Fort conuenables & propices.
Ses tant fauorables delices,

Et de ses ieuls le traitement,
M'ensorceloient si ardemment,
Que par la douceur, tele flamme,
Rosee sembloit à mon ame.
Parquoi la voiant trauailler,
Et tant de plesirs me bailler,
En songeant ie lui dis: Mamie,
Qui peus disposer de ma vie,
O si i'auois pouuoir dissouldre
Ores ce corps, & rendre en pouldre!
Ma bouche n'auoit à grand paine,
Du dernier mot laissé l'aleine,
Quand le iour mon songe eguara,
Et Hebé de moi separa.
Mais ô toi Dieu tenebriqueus,
Qui les paulpieres de nos ieuls
Et ouure, & clos: & qui presides
Aus cerueaus de songe non vuides:
Soit ou que Morphee tu sois,
Ou bien Somnus, fais cette fois
Que ie voie celle veiglant,
Que tu m'as fait voir sommeillant:
Ou si satisfaire à mes vœus,
Selon mon desir, tu ne veuls,
Fais que dormant, sans plus bouger,
Touiours ie puisse ainsi songer.

Si ie pouuois à mon desir,
Pour parler auec elle,

Heure

Heure propice & temps choisir,
Plus loial & fidele:

Apres qu'elle m'auroit ouï,
Et ma raison reçeue,
Mon cœur en seroit reioui,
Et elle moins deçeue.

Son oeil serain & reluisant,
Ou Cupido se ioue,
Obfusque des Soleil luisant,
La lumineuse roüe.

Sa langue forme vn parler droit,
Si disert, & tant sage,
Que Pitho mesmes i perdroit
Le pris, & l'auantage.

Assemblee & deliberation des dieux contre Athlas le Prophete.

Alors qu'Hebé presentoit,
A l'immortel Panomphee,
Le cratere ou il goustoit
D'Ogygie la rosee:

Iupiter recteur des cieuls,
Bien dispose de sa teste,
En colloque gratieux

Auec elle fait enqueste.

Adonc Hebé ne feignant
La doleur de sa pensee,
Lui dit, comme se pleignant,
Pour se sentir offensee:

Iupiter, qui des Esprits,
Es seul la conduite, & reigle,
Athlas â trop entrepris,
Dont i'âi douleur nompareille:

Et iettant vn million
De souspirs à la volee,
Plains d'eigreur, & passion,
En son ame desolee:

Commençoit à reciter,
Et remettre en la memoire
Du foudroiant Iupiter,
Tout le discours de l'histoire:

Mais lui tresbien entendant
d'Athlas la fole entreprise,
Cerchoit, ses leures mordant,
De le punir quelque guise.

Hebé lors se reiouit
De le voir en ce murmure:

Et bien tost s'euanouit,
Pour en auertir Mercure.

Mais il estoit descendu,
Sans plus longues interualles,
Ou il estoit attendu:
Aus parties infernales.

Pour, tous en vn conuoquer,
Des petis Dieus les colleges,
Et sans plus, les colloquer
Aus diuins celestes sieges.

Donques tous estans en vn,
Pour ouir nouuelle chose,
Le fait en parler commun
Iupiter si leur expose.

Puis de son ceptre donna
Si grand coup, contre sa chaire,
Que tout le ciel s'estonna,
Et de peur trembla la terre.

Quand la Fille à Saturnus,
D'astre fureur enflammee,
Se leue auecques Venus,
Fille du ciel estimee.

L'vne en l'air branlant sa main:

De courrous signifiance,
Veut que d'Athlas inhumain,
Faite en soit prompte vengeance:

L'autre pointe de douleur,
Et puissante facherie,
Plus ne peut souffrir au cœur,
Hautement qu'elle ne crie:

Sus le mont de Caucasus,
Se voit, & presente encore,
L'arrogant Prometheus,
Dont le cœur l'Aigle deuore.

Phebé pres Endymion
Son bien aimé sans reproche,
Reuelois l'affliction
De Sisyphe, & de sa roche.

Mais la prudente Pallas,
Sous vne douce querele,
Pressoit les Dieux contre Athlas,
A peine trop plus cruelle.

Minos narre d'Ixion,
Aus enfers comm'il se ioue,
Par sa grand presomption,
Sus dessous tornant sa roüe.

Mars

Mars terrible, & furieux,
Pour reparer son iniure,
Veult qu'Athlas l'audacieux,
Soit mis en paine plus dure.

Et pourquoi dit Phaeton,
En la chaleur difficile,
Du Taureau ne le met on,
De Phalaris, ou Perille?

Apollo de Tytyus,
Disoit la fable vn peu sale,
Duquel les boiaux menus
Le gourmant Voultour auale.

Bromius alaigre, & doux,
Du pere à Pelops s'auise,
De sa paine, deuant tous,
A son plesir en deuise.

Pan dit le mal que portoit
L'orgueilleuse damoiselle,
Que son ami tourmentoit,
Car elle lui fut rebelle:

Deux Limiers vont deschirant
Sa chair delicate, & douce,
Et le cheualier courant,
Son espee au cœur lui poulse.

Et si tost que morte elle est.
Des Dieus par la destinee.
La vie au cœur lui renaist.
Tant ell'est infortunee

Thetis, & le Dieu de mer.
Voians la bande troublee.
Les excés vont resumer,
Du pauure asne d'Apulee.

Mais des Dieus le principal
Saturne, par sa vieillesse.
Dit qu'Athlas meritoit mal.
De plus grieue & dure angoisse.

Quoi (dit-il) cest effronté
Et estranger temeraire.
Est il iusqu'a nous monté,
Pour ouurir nostre mystere?

Ses escrits fort indiscrets.
Et legeres propheties.
Pensoit il par nos secrets
N'estre bien de nous ouies?

D'Icarus le fol orgueil.
Lui deuoit seruir de preuue.
Quand le radiant Soleil.
Le fit trebucher au fleuue.

Il lui faut faire souffrir
De Scinis la tyrannie,
Qui fait les iustes mourir,
Au deux Pins quand il les lie.

Tous Les Dieus estans alors
Le punir en fantasie,
Até mit entr'eus discords,
Et contraire Synchisie.

Parquoi la punition,
A temps autre differee,
Selon leur intention,
Vous sera lors referee.

Quand les tonnerres fondirent,
Sur les Geans inhumains,
Alors tresbien ils sentirent,
La force des souuerains.

Leur arrogance fut cause,
D'ainsi les precipiter,
Ce n'est donc legere chose,
Contre les Dieus s'irriter.

Iuno la deesse aimee,
A Tiresias fit voir,
Combien au ciel estimee
Fut sa puissance, & pouuoir:

Quand par l'offense receüe
De son aigre iugement,
Elle fit perdre la veüe,
A ses ieüls entierement.

En son estomac proterue,
Triton folement pensoit
Contre la seur à Minerue
Quand son honneur il blessoit.

Ses deus ieüls, pour son merite,
Depuis ne s'en trouuent mieulx:
Ce n'est donc chose petite,
S'irriter contre les Dieus.

D'auoir longues possessions
Là ne sont mes affections:
Et moins en la beatitude
Du Roi Gygés, est mon estude.
Tant seulement en vne vie
Qui se contente, est mon enuie:
Et mon cœur est tresbien repeu
De ce qu'on dit: Ne trop, ne peu.

Si on m'â dit, assez legerement,
Propos desquels on m'estime offensee,
Ie les prendrai toutesfois doucement,
Bien que ie-sois iniustement blessee:
Quand la raison succede à la pensee,

Et le parler passe le iugement,
On fait de tel à la beste insensee,
Comparaison iuste communement.

I'imputerai à passion,
Venant d'vn mal presque importable,
La declaree affection,
Qui est comprise en cette table:
La creature fut notable,
Qui gist enclose en ce Sarcueil.
Mais ie trouue peu raisonable,
Qu'il en soit fait vn si grand dueil,

Ie voudrois bien qu'elle me deut porter
Entre ses bras, & en me baisant faire
Ne plus ne moins legierement saulter,
Comme elle fait son fils: o quel mystere!
Serois ie donc si sot en tel affaire,
Ne rebaisser sa bouche doucement?
Ie croi que non: mais plutost fermement
Elle de moi, & moi d'elle au contraire,
Prendrions en gré mesme contentement,
Sous vn subiet, & plesir volontaire.

Si i'auois la felicité
De son petit, plain dinnocence,
Ou si i'etois homme traité,
Ainsi qu'il est en son enfance,
Certainement i'estime, & pense,

Qu'à

Qu'il ne me faudroit sohaiter.
Fors seulement, ou lieu qu'il danse,
Qu'elle me fit vn peu sauter.

Il dit apertement de bouche,
Qu'il ne fait que sur moi saulter.
Mais cependant il ne me touche,
Qui vaille au moins tant l'euenter:
Mieuls vaudroit, ou moins se iacter,
Et bien satisfaire à l'ouurage.
Que ma Venus ainsi flater.
Et l'abuser de vain langage

Dou vient à Tiburce le mal,
Qu'il à ventre sesquipedal?
Car il se paist (dit la Sibille)
Ne plus ne moins qui fait Attille.

Qui gardera de mort l'home mortel
Si sur les dieus Atropos à puissance?
De rien ne sert la fuite, ou resistence.
Car sous le ciel rien nest perpetuel.

Si la faueur d'vn Dieu vault mieuls
Que les efforts de tous les mortels homes,
Qui fait que si peu curieus,
Et si pesans à le seruir nous sommes?

Chacun dit volontiers.

Que

Que tous efforts premiers,
Ont aigre violence.
Mais il n'i à souci,
Qui ne soit adouci
Par temps, & patience.

Quand l'obli me prendra
De vous, madame:
Tout aussi tost rendra
Mon corps son Ame.

Si vn seul point du iour,
Sans vous ie passe,
Ie veux que sans seiour:
Mon cœur trepasse.

Sans vous vn seul moment,
Si ie demeure:
Ie veuls subitement
Lors que ie meure.

Saisisse desormais,
La mort ma vie,
Si en mon cœur, iamais
Ie vous oblie.

La reluisante flamme
Ou l'oeil d'Aigle volant,
Que celui de madame,

N'est

N'est ia si violent.

L'eclair fendant la Nue,
Qui obscurcit les Cieuls,
N'est si vif, que la veüe,
De ses illustres ieüls.

D'Octauian auguste
Le scintillant regard,
N'est au pris si venuste,
Que celbui, dont i'ai part.

Les ieüls du Roi Lyncee,
Ne furent si agus:
Ne la queüe troussee,
Portant les ieüls d'Argus.

Le diamant flammette,
A l'obiect du Soleil:
Mais sa clairté subiecte,
Est de madame à l'oeil.

La constante amitié,
Que ie vous porte,
En vostre intregrité,
Se rend plus forte.

Ma volonté suiurai,
Sans nulle crainte:

Toujours vostre serai
Vive, ou estincele.

Quand Apollo perdra
L'oeil, & sa veüe:
Lors en mon cœur faudra
L'amour conçeüe.

Nature cessera.
Ses fruits produire,
Et Diane lairra.
De plus reluire.

Vostre loiaulté scai.
Et telle treuue,
Comme le doux essai.
M'en à fait preuue.

Quand vostre feu se ioint.
Auec ma flamme,
Lors de vostre ame, point.
N'est loin mon ame.

En ceste passion.
Mais mutuele,
La douce affection.
Se renouuele.

Lors est recompense.

Par acointance,
Le plesir delaissé,
En nostre absence.

Nos cœurs sont lors surpris
D'ecstase tele,
Que fut le Roi Cypris,
De praxitele.

Vn aise gratieus.
En nous s'engendre,
Qui en son effect, mieuls
Se peut comprendre.

Ie ne peus exprimer,
Vostre grand aise,
Ne le mien estimer,
Quand ie vous baise.

Iamais Amour, Venus
Ne les delices,
Ou Pan, auec Faunus,
Et leurs complices:

N'ont par Bois en esté.
Sous la ramee,
Pris telle volupté,
De leur aimee.

Mais toutesfois ne gist
  Là, nostre entente,
D'vn mieuls elle iouist,
  Et se contente.

En chose, qui soudain
  Est perissable,
L'amour fondé est vain,
  Et peu durable.

Response.

Nos premiers ans passez
  En leur ieunesse,
Nous donnerent assez
  D'aise, & liesse.

Le fauorable temps,
  Mais trop volage,
Nous liuroit passetemps,
  Au gré de l'age.

Et quand bien ie reduis,
  En ma memoire,
De vos friands deduis,
  La douce histoire:

Quand du profond du cueur,
  Encor ie spire.

L'incredible doulceur,
De tel martyre.

La ioie, à reueler,
Est difficile,
Et m'a langue, à parler,
Est trop debile.

Endymion iadis
N'aima Diane,
Ne si fort Amadis,
Son Oriane:

Mais ainsi que le pain,
Pris à cachete,
Est bon contre la faim,
Et plus delecte:

Ces recreations,
Et Eaus furtiues,
Rendoient nos passions,
Plus adoptiues.

Mais maintenant, Voici
Autre pensee,
Qui mon ame en souci,
Tient offensee.

Le plaisir terrien,

Ipuis

Rond comme glace:
Duquel le plus grand bien,
N'est que fallace.

Le pauure Leander,
Nous soit figure,
Qui ne peut euader
La mer obscure.

Si retourner pouuois
Au premier estre:
Ou quand ie commençois
A me congnoistre:

Le temps ne couleroit
En ceste sorte,
Ou bien se changeroit
Ma raison forte.

Ie ne lairrai pourtant
D'amour vous suiure.
Tel qu'vn esprit content
Peut au ciel viure.

Le Soleil qui reluit,
Et tout inspire,
A cela me conduit,
Et mon cœur tire:

C'est la fruition
Syncere, & pure.
D'vne perfection
Qui tousiours dure.

Peleüs alexandre
Iadis fut imposteur:
On peut bien à lui rendre
Pareil ce plaisanteur.

C'est de ce rond Siecle,
Ou le plus inutil,
Ou de tables affecle,
Qui soit le plus gentil.

Qu'on porte dont chandele,
A ce saint furieus,
Qui à moins de cervele,
Que nul Escurieus.

Ma petite musette,
Sur le dous serpolet,
Ses autres seurs muguette,
Au son du flageolet.

Mais il est au cratere,
De Liber souuent pris:
C'est ce qui tant altere
Tous ses vagues esprits.

Lors

Lors mon nom il desſire,
Trop immodeſtement:
Pourtant ie lui desire
Plus ſain entendement.

Qui à peu de ſcience,
N'en peut gueres donner:
Et ie fais conſcience,
D'ainſi le teſtonner.

L'araigne point ne file
Sa toile en vn moment:
L'euure en eſt plus ſubtile,
Et faite proprement.

Sa muſe faiſſidique,
Si i'ai bien eſpié,
Treſlourdement claudique,
De l'vn & l'autre pié.

De mettre en main la plume
Me veuls euertuer,
Veu le feu qui s'allume,
Pour l'eſtindre, & tuer.

La Lune ſouuent mue
De coleur, & de nom:
Souuent ſe diminue
Pour bien peu le renom.

La clairté se dilate
Au Soleil apperceu,
Estre ne veuls ingrate
Du bien que i'ai receu.

Louenge qui excede
Par dessus la moitié,
Volontiers ne procede
De syncere amitié.

Elegiaques à Cupido.

Seule ne suis q̃ plains tes rigueurs palle Cupido
Comme ie fais plegnoit Penelopé son ami.
Moins pourroit de Cypris souffrir la flamme secrete
Mõ cœur, s'il falloit perdre le fruict q̃ i'atẽs.
Tes fleches causent ce malheur, dont l'vne d'or ointe
Incit'amour au cœur, l'autre de plomb fait hair.
En moi tes flammes sont & penetrantes, & aigres.
Quand ie ne peus, voulant paruenir au gré d'amour.
L'arbre veil se doit touiours conseruer. & en temps
Entretenir, qui veult l'aise q̃ chacun atend.
Lors que seront refroidis mes iours, mon sang rubicunde

Trembl

Tremblera cõme l'hyuer, qui ne fut onques
à gré.
Susciter ou sont ceux qui voudront en chose
morte,
Tes feux surmõtez par le froit en sa fureur.
Les iours sont diuers & les tẽps irreparables
Les momẽts coulent ainsi que passe le vent.
Adoucis ta chaleur, & laisse viure lamante.
Enfant si tu es de la deesse Venus.
Tu seais enflãmer les cœurs, tu scais & etindre
Fais que ie gaigne celui qui me fuit, & ne
me quiert.
Vers toi m'estimerai viuãte, & morte deuable
Des biens elargis par ton amable faueur.
Tes autels myrrhez rendrõt perfums de Sabee.
Et ton chef couuert d'vne coronne sera.

Au Lecteur.

On dit assez vulguerement,
Et en parole fort commune:
Que le foible commancement,
Suit volontiers meilleur fortune.

FIN.

D. CH. Ode.

Vne de tous eſt aimee,
Par ſa grand beauté
Et grandement eſtimee
De ſa loiauté

Touiours ſera perdurable
Sa perfection
Et iamais non periſſable
Son affection.

Or tous ceus qui la regardent
Lui portent faueur
Et de l'aimer ſe haſardent
Pour auoir bon heur.

Mais

Mais ce n'est q̃ perdre attẽte
En vn grand torment
Car ell'est du tout contente
De son seul amant

FIN.

Inutil est il bien,
Qui ne s'occup' à rien.

N. D. T. Edylion au Traducteur.

Quand bien ie conſidere
Ton illuſtration,
A peine ie modere
Ma grand' affection.

Car ton eſcrit illuſtre
Fluant & graticus,
Diminue le luſtre
Des plus ingenieus.

Et ta plume ſubtile
Fendant les marins ports
Sent & la lamp' & huile,
Auſsi les ongles mords.

Nul temps de ton hiſtoire
Ne ſcauroit eſſacer
L'eternele memoire,
Ne tant peu ſoit bleſſer.

Rhion immortaliſe
Par ta veine ſon nom:
Et Rhion perenniſe,
Au pareil ton renom.

FIN.

Rhio
dictio
greque
qui ſig
fie: pe
Mont

Acheué d'imprimer le
25. d'Auril
1559

[illegible]

[illegible]

[illegible]

[illegible]

[illegible] fay liure [illegible]
ammes [illegible]
[illegible] fedeau
Jo [illegible] mues [illegible]

www.ingramcontent.com/pod-product-compliance
Ingram Content Group UK Ltd.
Pitfield, Milton Keynes, MK11 3LW, UK
UKHW022106260726
13993UKWH00001B/346